日本语言文化
理论观照及其教学应用探索

金少芬 ◎著

中国书籍出版社
China Book Press

图书在版编目 (CIP) 数据

日本语言文化理论观照及其教学应用探索 / 金少芬
著 . -- 北京：中国书籍出版社, 2024.3
ISBN 978-7-5068-9828-7

Ⅰ. ①日… Ⅱ. ①金… Ⅲ. ①日语 – 文化语言学 – 研究 Ⅳ. ① H36

中国国家版本馆 CIP 数据核字（2024）第 067151 号

日本语言文化理论观照及其教学应用探索

金少芬　著

丛书策划	谭　鹏　武　斌
责任编辑	牛　超
责任印制	孙马飞　马　芝
封面设计	博健文化
出版发行	中国书籍出版社
地　　址	北京市丰台区三路居路 97 号（邮编：100073）
电　　话	（010）52257143（总编室）　（010）52257140（发行部）
电子邮箱	eo@chinabp.com.cn
经　　销	全国新华书店
印　　厂	三河市德贤弘印务有限公司
开　　本	710 毫米 × 1000 毫米　1/16
字　　数	243 千字
印　　张	12
版　　次	2024 年 5 月第 1 版
印　　次	2024 年 5 月第 1 次印刷
书　　号	ISBN 978-7-5068-9828-7
定　　价	92.00 元

版权所有　翻印必究

目 录

第一章 文化与文化教学 ……………………………………… 1
    第一节 文化的界定 ………………………………………… 1
    第二节 中日文化的差异 …………………………………… 4
    第三节 文化教学概述 ……………………………………… 8

第二章 日本人的思想观念与文化心理 ……………………… 11
    第一节 日本人的思想观念 ………………………………… 11
    第二节 日本人的文化心理 ………………………………… 16

第三章 日语语言理论观照 …………………………………… 24
    第一节 日语语言微观理论 ………………………………… 24
    第二节 日语语言宏观理论 ………………………………… 44

第四章 日语语言的文化特征 ………………………………… 66
    第一节 语言与文化的关系 ………………………………… 66
    第二节 日语语言的文化内涵 ……………………………… 75
    第三节 日语中社会文化的彰显 …………………………… 82

第五章 语言文化理论观照下日语教学的内容 ……………… 88
    第一节 日语词汇教学 ……………………………………… 88
    第二节 日语语法教学 ……………………………………… 96
    第三节 日语听说教学 ……………………………………… 99
    第四节 日语阅读教学 ……………………………………… 106
    第五节 日语翻译教学 ……………………………………… 110
    第六节 日语写作教学 ……………………………………… 114

第六章 语言文化理论观照下日语教学的常见方法 ………… 122
    第一节 任务教学法在日语教学中的应用 ………………… 122

第二节　产出导向法在日语教学中的应用……………………126
　　第三节　成果导向法在日语教学中的应用……………………130
　　第四节　项目教学法在日语教学中的应用……………………139

第七章　语言文化理论观照下日语教学的创新模式……………… 141
　　第一节　慕课、微课与翻转课堂教学模式……………………141
　　第二节　AI 技术在日语教学中的应用 …………………………155
　　第三节　AR 技术在日语教学中的应用 …………………………160
　　第四节　VR 技术在日语教学中的应用 …………………………162

第八章　语言文化理论观照下日语教师的文化意识培养………… 167
　　第一节　文化意识与文化意识培养……………………………167
　　第二节　日语教学中教师文化意识的培养现状………………169
　　第三节　日语教学中教师文化意识的培养策略………………172

参考文献……………………………………………………………… 177

第一章 文化与文化教学

语言,作为文化的载体和交流的工具,发挥着至关重要的作用。它不仅是跨文化交流的桥梁,更是文化融合的见证。我们知道,文化的融合势必会在语言上产生影响,而这种影响又会忠实地记录下文化融合的发展趋势。从这个角度来看,语言交流在文化融合的大背景下不可避免地会出现一些问题。如何处理好这些问题,对于吸收其他国家的优秀文化,以及丰富和发展本民族文化,具有深远的意义。

在当前全球信息互通的时代,政治、经济、科技、文化等领域的交流与合作日益加强。这一切都在推动着各种文化之间的渗透和融合,也引发了各种文化间的对话与融合问题。文化教学的作用和意义在此背景下得以凸显。它不仅承担着传播和交流文化的任务,同时也是文化融合的推动者和实践者。在我国,文化教学一直受到高度重视,因为它不仅能够提升国民的综合素质,还能够促进我国与世界各国的文化交流。在日语教学中,文化教学的作用也非常重要。只有在教学中注重文化意识的培养,让学生在学习语言的同时,了解和尊重其他国家的文化,人们才能真正实现语言的交流和文化的融合,发挥文化教学的最大价值。本章作为开篇,首先对文化和文化教学两大概念进行研究。

第一节 文化的界定

一、文化的定义

"文化"(culture)这一词语内涵丰富,有多种意义。例如,人们认为那些能读会写的人,那些懂得艺术、音乐和文学的人是"文化人"。不同人对文化的理解有不同方式,每一种方式都或多或少有助于我们理解某个过程、事件或关系。遇到陌生人时,第一个被问的问题通常是,"你来自哪里?"这种说法主要是想了解这个人长大的地方或者是想知道这个人之前住在什么地方。我们下意识地认为在同一地方长大或生活的人说同样的语言,拥有相同的价值观,用相似的方式交流,换句话说,他们被认为具有相同的文化。有时我们甚至会认为文化是商品或产品,如玩具、食品、电影、视频和音乐,并且可以在国际上自由进出口。这些对"文化"印象式的理解不一而足。

实际上,在我国的古代文献中"文化"两个字是分开出现的,"文"的本来意思为各种颜色交错,"物相杂,故曰文","天文"指自然规律,"人文"指人伦社会规范;"化"的本意是改变、变化之意。《说文解字》将"化"释为"教行也",即改变人类原始蒙昧状态以及进行各种教化活动。从汉代开始,"文"与"化"连缀出现,"文化"与"武力"相对应,是动词,具有"文治教化"之意。近现代所讲述的文化,则为19世纪末自日文转译过来的。英文单词 culture,源于拉丁文动词 cultura,含有耕种、居住、加工、留心、照料等多种意思。随着时间的推移,"culture"含义逐步深化,由对树木、作物等的培育引申为对人类心灵及情操的培养,从人类的生产活动,逐渐引向人类的精神领域。19世纪中叶以来,"文化"一词开始具有现代意义,并且随着人类学、社会学等人文学科的兴起,成了这些学科的重要术语。

自从进入近代研究视野,"文化"这一概念在中外学术界不同学科领域曾出现上百种甚至更多的定义。美国描写语言学家爱德华·萨丕尔(Edward Sapir)(1921)定义文化为一个社会的行为和思想。[1]本尼迪克特(Benedict)(1930)认为真正把人们凝聚在一起的是他们的文化、共同的思想和标准。[2]

美国人类文化学家爱德华·霍尔(Edward T. Hall,1959)提出:"文化是人类的媒介。人类生活的方方面面都受到文化的影响和改变。这意味着人的个性,表达方式(包括情感的表现),思考方式,行为方式,解决问题模式,所居住城市的规划和布局,交通系统的运行和调度,以及

---

[1] 萨丕尔.语言论—言语研究导论[M].北京:商务印书馆,1985.
[2] (美)露丝·本尼迪克特.文化模式[M].张燕,傅铿,译.杭州:浙江人民出版社,1987.

经济和行政系统如何组建和运行都受到文化的制约。"①

柯恩(R. Kohls,1979)认为文化是指特定人群的总体生活方式。它包括一群人想的、说的、做的和制造的一切。②文化学家罗伯逊(I. Robertson,1981)的观点是每个社会的文化都是独特的,包含了其他社会所没有的规范和价值观的组合。

荷兰学者吉尔特·霍夫斯塔德(G. Hofstede)在2001年提到"我认为文化是将一个群体或一类人与另一个群体或一类人区分开来的思想上的集体程序。'思想'代表了头、心和手——也就是说,它代表了思考、感觉和行动,以及对信念、态度和技能的影响。"③

文化定义的多元化说明文化确实是一个庞大且不易把握的概念,虽然各有侧重,这些解读和界定都解释了文化的一个或几个层面。

二、文化的分类

由于文化的多样性和复杂性,很难给文化下一个明确清晰的定义,对文化的分类也是众说纷纭、不尽相同。从侧面来看,文化也可以理解为满足人类需求的一种特殊方式。所有人都有一定的基本需求,比如吃饭和交朋友等等。

心理学家亚伯拉罕·马斯洛(Abraham Maslow,1908—1970)认为,人都有五种基本需求:④

第一,生理需求。这是人们赖以生存的基本需求,包括食物、水、空气、休息、衣服、住所以及一切维持生命所必需的东西,这些需求是第一位的。人们必须满足这些需求,否则就会死掉。

第二,安全需求。安全需求有两种,身体安全的需求和心理安全的需求。

第三,归属感需求。一旦人们活着并且安全了,就会尝试去满足人的社交需求,包括与他人在一起并被他人接受的需求,以及属于一个或

---

① (美)爱德华·霍尔. 超越文化[M]. 北京:北京大学出版社,2010.
② 齐德峰. 外语教学中的文化传递[J]. 济南大学学报(社会科学版),1994(04):38-44.
③ 杨琴. 基于霍夫斯泰德文化维度理论的跨文化管理研究[J]. 经营管理者,2014(8X):1.
④ 孙晓慧. 马斯洛需要层次理论在高校管理中的运用探究[J]. 现代商贸工业,2024,45(04):212-214.

多个群体的需求。例如,对陪伴的需要和对爱和情感的需要。

　　第四,尊重需求。这是对认可、尊重和声誉的需求。努力实现、完成和掌握人和事务,往往是为了获得他人对自己的尊重和关注。

　　第五,自我实现的需求。人的最高需要是实现自我,充分发挥自己的潜力,成为自己可能成为的人。

　　根据马斯洛的理论,人们按上述的顺序满足这些需求。如果把这些需求从低到高比作金字塔的话,人们在攀登金字塔时总是先翻过第一步才能爬上第二层,通过第二层才能到达第三层,以此类推。尽管人类的基本需求是相同的,但世界各地的人们满足这些需求的方式各不相同。每种文化都提供了许多满足人类特定需求的选择。

　　另一个形象的类比将文化比为冰山,认为每种不同的文化就像一个独立的巨大冰山,可以分为两部分:水平面以上的文化和水平面以下的文化。水平面以上的文化仅占整体文化的小部分,约十分之一,但它更可见,有形且易于随时间变化,因此更容易被人们注意到。水平面以下的文化是无形的,并且难以随时间变化。它占了整个文化的大部分,约十分之九,但要吸引人们的注意力并不容易。水平面以上的文化部分主要是实物及人们的显现行为,如食物、衣着、节日、面部表情等诸如此类人们的说话习惯和生活方式,也包含文学作品、音乐、舞蹈等艺术的外在表现形式。水平面以下的文化包含信念、价值观、思维模式、规范与态度等等,是构成人的行为的主体。尽管看不到水平面以下的部分,但它完全支撑了水线以上的部分,并影响了整个人类的各个方面。

第二节　中日文化的差异

一、中日礼仪差异

　　自古以来,中国和日本交往频繁,两国在礼仪文化方面有着丰富的传统和独特的表现方式。

(一)握手与鞠躬

握手作为一种人际交往中的问候方式,最早可以追溯到古罗马时期。在中国,握手礼仪逐渐成为一种普遍的社交习惯,尤其是在男士之间。握手不仅是一种礼貌,更是表达尊重、友好和真诚的意愿。中国的握手礼仪适用于多种场合,如第一次见面、重逢、告别、送行等。在一些特殊场合,如庆祝、感谢、慰问等,握手也作为一种表达心意的方式。握手不仅体现了人们的基本礼仪,还在一定程度上具有化解矛盾、增进友谊的作用。鞠躬是日本最为传统的问候方式,来源于中国古代礼仪文化的影响。在日本,鞠躬被视为一种表达尊敬、感谢、敬意和悔悟等情感的礼仪。鞠躬在日本社会中具有广泛的应用,如初次见面、告别、感谢、道歉等。鞠躬的程度、时间和场合都有严格的规定。地位较低的人要先鞠躬,且鞠躬时间更长、更深。这在一定程度上体现了日本社会等级观念和尊重长辈的价值观。

(二)着装礼仪

在中国的正式场合,人们普遍认为着正装是基本的礼仪要求。这种着装规范主要体现在衣着得体、整洁干净上,对于服装的品牌和价格并没有过于严格的要求。然而,在日本,他们不仅注重服装的整洁和得体,还对服装的品牌、款式和质量有着极高的要求。

二、中日饮食习惯差异

饮食习惯是每个国家文化的重要组成部分,反映着人们的生活方式和价值观。中日两国的饮食习惯各具特色,存在一定的差异。在两国之间,饮食文化的差异不仅仅体现在食物口味和食材选择上,还揭示了两国人民生活习惯和价值观的差异。

中国的饮食文化具有极高的多样性。在我国,地域性饮食风格鲜明,南方与北方、东部与西部之间的饮食口味各具特色。南方人偏爱米饭和清淡口味,北方人则更喜欢面食和重口味。东部沿海地区的人们以海鲜为主食,西部内陆地区则以畜牧为主要饮食来源。这种地域性的饮食差异,很大程度上是由于中国幅员辽阔,地理环境多样,各地气候特点不同,导致农作物和食材丰富多样。因此,中国各地的饮食文化形成了独特的风味,丰富了中国菜系的多样性。

日本的饮食文化也有其独特之处。日本地处岛国,四面环海,海鲜资源丰富。因此,日本人的饮食习惯以吃海鲜为主。与我国南方菜系相似,日本菜也注重保留食材的原汁原味,提倡清淡口感。日本料理的独特之处还在于其对食材新鲜程度的极致追求。新鲜的食材是日本料理美味的保证,这也体现了日本人崇尚健康的饮食观念。

三、中日金钱观念差异

在日本,无论是社交场合还是家庭生活中,AA制付款的方式广泛流行。这种现象在日本人眼中十分正常,他们认为这种方式可以保持人与人之间在金钱物质方面的清晰界限,从而产生一种适度的距离美。

当日本人与同学、同事等外出就餐、喝酒或游玩时,他们大多会选择AA制付款。这种做法不仅体现了他们对经济的独立和自主,更是对人际关系的清晰划分。在他们看来,金钱上的AA制有助于避免因金钱问题而产生的矛盾和纷争,保持人际关系的和谐。此外,即使在共同招待客人的场合,日本人也会采用AA制形式付款。他们在客人面前公开算账或掏钱,认为这是一种诚实、公正的表现。

在家中,日本人的AA制观念同样明显。比如,当婆婆和儿媳一同外出逛街时,她们往往会各自支付自己的消费。在日本家庭中,长辈和晚辈的经济独立被视为一种尊重和保持距离的美德。婆婆的钱是婆婆的,儿媳的钱是儿媳的,他们各自管理,不放在一起。这种做法有助于维护家庭关系的和谐,避免因金钱问题引发的矛盾。

"二战"以后,随着日本经济的快速发展,日本人开始更加注重保持人与人之间的距离,以实现一种更为和谐的人际关系。他们认为,适度的距离美可以避免生活中的纷扰,让彼此更加尊重和理解。

可见,日本人在金钱物质方面的AA制观念,并非仅仅在乎金钱,而是为了保持人与人之间的关系。这种观念在社交和家庭生活中都有体现,它有助于维护人际关系的和谐,实现个人经济的独立和尊严。

四、中日送礼礼节差异

中国自古以来，人们就普遍认为双数具有吉祥的寓意，强调"成双成对"的美满观念。因此，在送礼方面，不论是何种礼物，人们都会尽量选择双数的形式来表达祝福和心意。这种习俗不仅在中华大地上深入人心，在日本等国家同样有所体现。然而，与中国的送礼习俗相比，日本人通常更倾向于以单数的形式送礼。在他们看来，单数象征着独立、自由和独特，代表着他们对个体的尊重。相反，双数则被认为是相对保守、缺乏个性的象征。因此，在日本，给新婚夫妇送 2 的倍数的红包是被视为禁忌的。他们认为"2"这个数字会带来不幸，可能导致夫妻感情破裂。于是，他们往往会选择送新婚夫妇单数红包，以祝愿夫妻生活幸福美满。在中国，人们则坚信好事成双，送新婚夫妇红包时通常会选择双数，以寓意夫妻恩爱、白头偕老。

在中国，送礼被视为一种表达敬意和感激之情的方式，因此，送礼人往往会选择价格较高的礼物，以示对方的特殊地位和重要性。相比之下，日本的送礼文化则呈现出一种截然不同的风格。日本的送礼人更注重礼物的实用性，而不是礼物的价值。他们认为，实用的礼物能更好地满足对方的需求，也更体现了送礼人的关心和体贴。常见的实用礼物包括杯子、钢笔等日常用品。这些礼物虽然价格相对较低，但十分实用，能让收礼人感受到送礼人的用心。此外，日本人在送礼时还有一种独特的做法，那就是将自己使用过的物品作为礼物送给别人。他们认为，这样的礼物能更好地表达出自己对对方的真挚情感。这种做法源于日本文化中的"和敬"精神，即尊重他人，珍惜与他人的关系。将自己用过的东西送给别人，意味着自己愿意与对方分享自己的生活和情感，是一种深厚情感的表达。

五、中日价值观差异

中国经历了漫长的封建社会，儒家思想在思想文化中占据了统治地位。儒家主张，仁者应当具备五德，即"仁、义、礼、智、信"，这被视为人们行为的五常。然而，当儒家思想传入日本后，日本人将其核心从仁改为了礼。

中国的儒家强调仁者爱人，提倡人们不仅要爱自己，还要爱他人，强调自我约束与修养。而日本的儒家思想则更注重遵守社会制度和社会习俗，重视人伦规范。这使得两国人民在行为表现上呈现出明显的差异。中国人讲究尊老爱幼，乐于助人，注重人情味。日本人则以谦虚礼貌、彬彬有礼著称。

深入探求这种差异的根源，我们可以发现，中国的人际规范以自律的单向性为重要特征，而日本则以他律的双向性为主。例如，在日常生活中，我们在地铁上经常看到人们给孕妇、老人、残疾人让座的现象。这种行为，我们只是出于道德的约束，充分体现了以自律为特征的单向性人际规范的中国人的思维方式。

总的来说，中国和日本的儒家思想在传承过程中有所差异，这种差异体现在两国人民的行为方式和价值观上。中国的儒家强调仁爱和自我约束，注重人情味；而日本的儒家则更注重社会规范和习俗，强调他律的双向性。这两种文化各有特色，相互之间有着深厚的渊源和独特的魅力。

第三节　文化教学概述

一、文化教学的概念与意义

文化教学，顾名思义，是指在教学过程中关注文化因素，将文化知识与学科知识相结合，使学生在学习学科知识的同时，了解和理解相关文化背景，提高文化素养。文化教学不仅局限于本国文化的传授，还包括国际文化的了解，以培养具有全球视野的人才。

文化教学有助于提升我国国民的综合素质。一个国家的人民只有了解和热爱自己的文化，才能更好地传承和发展民族文化，增强民族凝聚力。同时，了解国际文化有助于增进国际的友谊和理解，促进世界和平与发展。

将文化教学融入学科教育中，可以丰富教育的内涵，使教育更具人文关怀。学科知识与文化知识相互渗透，有助于培养学生的综合素质，提高教育质量。随着经济全球化、政治多极化的不断推进，国际竞争日益激烈。文化教学有助于培养具有国际视野、跨文化沟通能力的全球化人才，以适应新时代的发展需求。

文化教学可以促进国内外文化交流与合作，推动文化创新与发展。通过学习其他国家的文化，我们可以取长补短，借鉴优秀文化成果，为我国文化的发展提供新的动力。

文化教学有助于提升国家文化软实力。一个国家的文化软实力既包括本国文化的传播力，也包括对其他国家文化的了解和接纳能力。通过文化教学，我们可以培养更多具有国际视野和文化底蕴的人才，为国家文化软实力的提升奠定基础。

综上所述，文化教学在我国教育体系中具有重要地位。为了培养具有国际竞争力的全球化人才，教育部门应加大对文化教学的重视程度，不断完善文化教学体系，创新教学方法，使文化教学在教育实践中发挥更大的作用。

二、文化教学的发展

目前，外语教学的目的就是要培养学生跨文化理解和跨文化交际能力向学生学习的能力的转变。在当今的日语教学中，文化这个因素日益受到人们的关注，这就需要我们对其进行更多、更深层次的研究。

直到20世纪60年代，随着研究的深入，人们发现了文化因素在外语教学中所起到的重要作用，它能够帮助学习者更好地理解和使用语言，同时也能够更好地理解和掌握语言背后的文化背景。此外，研究还发现，文化因素不仅能够影响学习者对外语的掌握程度，还能够促进学习者在语言学习过程中对语言能力的提升。

20世纪60年代初期，美国的跨文化交际研究方兴未艾；70年代，苏联建立了"语文国情"，并在此基础上提出了自己的看法；80年代，国外学者把跨文化交际理论引进了国内，并把它作为一种新的视角，对外语学习过程中的跨文化交际现象进行了深入的探讨。这一新学科的诞生在世界范围内的外语教学都有了根本性的转变，在国际上引起了一场由语言文化和社会语言学领域的巨大变革，把语言与文化、社会语言学的研究成果直接引入外语教学。

在20世纪60年代之前，语言和文化之间的关系被割裂开来，而学习一门语言的首要目标是阅读优秀的文学作品。但是通过阅读发现，外语的学习与文化是不可分割的、紧密相连的。

20世纪60年代,布鲁克斯(Brooks,1968)就强调文化并非只在文化研究中,在语言学习中也极具重要性。[①]

在20世纪70年代,海姆斯的"交流能力"理论、韩礼德的"功能语言学"理论、威多森的"语言交流"理论、"语言交流"理论成为这一理论的重要组成部分。随着社会语言学理论的不断发展,人们对语言运用中的情境越来越关注。同时,人们也日益认识到,在外语教学过程中,文化因素所起的作用日益突出。在这一背景下,交际教学法逐渐取代了原来的教学方式。

20世纪90年代以来,在科研成果的支撑下,文化课程的制定更加强调了它的重要性,并对其进行了更多的文化研究。

总的来说,在外语教学过程中,文化因素的影响越来越大,这一点在当今的外语教学中表现得尤为突出。但是,对于如何在外语教学中实施文化教学,仍然有许多模糊的概念。尽管我国许多教科书中都对文本中所涉及的文化背景进行了介绍,但是就总体而言,这些介绍都是零散和随意的。然而,在众多的研究中,我们已经从对语言的简单描写转向对不同社会文化背景下语言使用的思考。在国内,与语言教学相结合的研究,一开始就吸引了研究者的注意。学界一般都有这样一种共识:同样的词汇,由于不同的文化背景,其所蕴含的文化意义也不尽相同。所以,在外语教学的过程中,想要培养学生的跨文化意识,就必须采取各种行之有效的措施,如强化学生的文化素养教育,提高他们的跨文化能力,并促进他们与不同文化背景的人们之间的沟通交流。此外,作为教师,还应该重视培养学生的跨文化交际能力,这是提高学生在国际交流中的语言和文化能力的有效手段,使其能够更好地理解不同国家的文化背景,并且能够更好地运用语言和文化知识,从而在跨文化交流中取得成功。

[①] Brooks,N.Teaching culture in the foreign language classroom[J]. Foreign Language Annals,1968(1):204—17.

第二章　日本人的思想观念与文化心理

众所周知,日本文化是糅合了本土神道教文化、中国儒学文化、佛教文化以及西方文明发展而成的。这些不同种类的文化在日本人心中相生相克,造成了日本人复杂、矛盾的思想观念和文化心理。要理解这种复杂的矛盾并不容易,本章就对此进行重点探究。

第一节　日本人的思想观念

一、无常观

"无常"一词出自中国古典和佛经,主要包括以下三种思想。
(1)诸行无常,万物流转,不存在常住事物。
(2)无蕴无常,识别判断万物流转的主体本身就是无常的。
(3)要达到真正的无常——空的境界,就应该要超越有常、无常的对立与差别。

下面重点分析日本无常观中的一种重要表现——幽玄。

"幽玄"这一概念及其相关问题主要在日本中世纪即镰仓幕府统治时期至江户幕府成立初期形成。"幽玄"概念在日本早期多用于歌论歌学方面,作为从中国道家引进的一个词汇,它也经历了从外来文化转化为本土审美概念的漫长过程。"幽玄"作为歌体而得以确立下来,应该是在藤原俊成的歌论中。他提到:"正如我常说的,春天之月,挂在天上缥缈,映在水中缥缈,以手博之,更是朦胧不可得。"不难看出藤原俊成所认为的"幽玄"是指一种飘忽不定、难以捕捉的朦胧美的状态。

相似的见解在之后鸭长明的《无名抄》中有更为明显的体现,如:

"在浓雾中眺望秋山，看上去若隐若现。却更令人浮想联翩，可以想象满山红叶层林尽染的优美景观。"到了藤原定家时，"幽玄"的概念被更为明确地具体化了。另外，作为日本传统戏剧的代表，能乐将"幽玄"审美概念展现得淋漓尽致。能乐的创始人世阿弥把"幽玄"作为能乐的最高原理。

关于"幽玄"的审美意义，大西克礼在《幽玄·物哀·寂》中将之分为七个方面：

其一，指"某种感知对象被遮蔽被掩藏"，其对应的意思类似于景色被大雾笼罩的意境；

其二，指"微暗、朦胧、薄明之感"，其对应的意思承接第一重意义，强调一种不直接、不露骨的柔和委婉的朦胧之美；

其三，指寂静的"知物哀"感，承接薄明之意有寂静的意味在其中；

其四，指"深远感"，此层含义一指时间和空间上的深邃距离感，二指精神上的一种禅意，往往表示着审美对象包含着一种难理解的深刻含义；

其五，指"充实相"，认为这一层含义主要是指言有尽而意无穷，在有限的文字表达中蕴含无限而深远的意味；

其六，指一种"神秘性和超自然性"，这一层含义格外突出一种哲学层面上的意味，其中的神秘感并不狭隘地指宗教中的神秘感，而是强调一种自然万物与人类灵魂相融合的宇宙感，这种感觉往往会引发一种哀叹之感；

其七，指一种"非合理不可言说的性质，是一种缥缈不可言说的美的情趣"。

幽玄的概念最初作为一种文学理念存在于日本歌道中，后运用于日本文学的诸多方面，在小说作品中也有广泛运用。幽玄的概念受到宗教佛学思想的影响，呈现出一种神秘感，这种神秘感使得其文学作品呈现出一种缥缈模糊深远静谧之感。谷崎润一郎的《阴翳礼赞》就是对"幽玄美"的一种阐释与表现，他提出"阴翳美"的概念，将幽玄美的部分内涵运用于空间中的光影上，强调一种晦暗朦胧的视觉效果。但荫翳美与幽玄美的具体内涵并不相同，笔者将在下文中进行具体论述。

和歌中的幽玄美主要存在于歌中所营造出的意境，和歌所营造的意境往往具有清冷悠远、缥缈孤寂、只可意会不可言传的美感。幽玄美除了运用于文学艺术领域，还被运用于日本传统戏剧之中。世阿弥认为能乐是追求幽玄之境的艺术，戏剧应体现出梦幻感，而这种梦幻感一方面通过演员的舞蹈表现出来,另一方面通过歌曲内容表现出来。

另外,能乐中融入了宗教祭祀元素,从而使能乐演出充满着宗教的神秘美感,由此在能乐演出中突出表现了一种幽玄之境。除此之外,能乐表演的舞台设计也体现着幽玄之美,如桥前方的三棵深绿色的松树,舞台灯光明暗的对比等,都表现着一种深邃悠远而又神秘的幽玄之美。

二、义理人情

在日语中,"义理人情"这个词组包含了两层含义,分别是"义理"和"人情"。

(1)"义理"代表了在父子、主从、师徒等上下关系以及友人、邻里等平等关系中必须遵守的道义,它是日本人对待他人的基本道德规范。换言之,它是日本人如何处理人与人之间关系的指导原则。

(2)"人情"则是指人面对自己、家人或友人时的自然感情。这个词描绘了人们在亲情、友情等人际关系中的情感流露。这两个词虽然在中文中也有对应的意义,但其在日语中的使用和含义却有其独特之处。

"义理"一词虽然源于汉语,但其在日本的使用中有着更为丰富的含义。除了表示事情的道理,它还涵盖了面子、情谊、血亲关系等多个方面。在日本文化中,接受礼物后需要回赠,这种行为也被视为一种"义理"。

"义理"与日本的纵向型社会结构密切相关,它是一种社会规范。日本学者津田左右吉将"义理"看作是一种义气,即一种倔强、好胜的特性。在《菊与刀》一书中,本尼迪克特对"义理"进行了深入的分析,她认为"义理"是日本特有的道德范畴。

"义理"在日本社会中被视为一种必须遵守的准则。与之相对,"人情"则代表了个人自然的感情和欲求。尽管"义理"和"人情"在某种程度上是对立的,但它们又是紧密相连的,共同构成了日本社会的伦理观念。

在近代,日本的一些官僚机构和企业集团组织依然保留着"义理"这一重要的风俗。在大企业集团以及官僚组织中,尽管各种关系属于私人关系,但在结构上却呈现出"家"的特性,因此也存在一定的公共关系。在这种环境下,下位者会感受到上位者的照顾和恩惠的"义理"。

然而,在现代商业社会中,契约精神受到了更多地重视,"义理"和"人情"的地位已经有所下降。尽管如此,在日常生活中,许多人仍然追求"不欠缺义理"的心理,重视社会交际。这反映出"义理"在日本社会中的深远影响。

总之,"义理人情"这个词组揭示了日本社会在处理人际关系时的道德准则和情感需求。它既体现了日本社会的规范性,也展现了日本人在面对人际关系时的自然情感。在现代社会中,"义理"和"人情"依然发挥着重要作用,是日本文化的重要组成部分。

三、耻文化

耻感是日本社会特有的一种意识形态,这种意识形态源于日本封建社会,并在此基础上孕育出了独特的"惜名"和"知耻"的行为规范。随着时间的推移,这些行为规范逐渐演变成了一种独特的文化现象,即耻文化。耻感的根源可以追溯到弥生时代的稻耕文化,这一文化形态需要强烈的共同体意识,再加上儒教思想和多神教等元素的融合,为耻感的产生奠定了基础。

在日本文化中,儒家的人格主义价值观占有重要地位,其中"耻"成为一种核心价值观念。这种价值观念深入人心,对日本人的思维方式和行为准则产生了深远影响。尽管日本是一个多宗教国家,但人们对神的敬畏并不强烈,相比之下,他们更看重世人对自身的评价。因此,耻感成为一种道德规范,深入人心,引导着日本人的行为和思考。

在日本社会长期的发展过程中,人们在生活中逐渐形成了以他人为本位的伦理观念。这种伦理观念体现在个体行为上,就是对"名"和"耻"的高度重视。自古以来,日本人对"名"和"耻"的思考一直延续至今。如《万叶集》中便体现了"扬名"的思想,到了镰仓时期,"扬名"的意识更加表面化。据文献记载,镰仓武士们将"惜名"视为行为准则,并严格遵守。当时的人们普遍认可"惜名"这一行为规范,从而形成了追求"扬善名、忌恶名",避免遭受"耻"的人生态度。

在日本社会中,耻感不仅是一种道德规范,更是一种文化传承。这种文化传承体现在日本人的日常生活和价值观中,使他们始终对自身的行为保持高度自律。同时,耻感也成了一种社会约束力量,促使人们遵循社会规范,维护良好的社会秩序。总之,耻文化是日本社会独特的一种文化现象,它既体现了日本封建社会的伦理观念,又是现代日本社会行为准则的重要基石。

第二章　日本人的思想观念与文化心理

这种"名"与"耻"的意识发展延续到江户时期,被山鹿素行、大道寺友山等人所鼓吹。他们强调"行义勇,必先知耻",当时的耻意识在社会中占据了重要地位。特别是武士阶级,作为特权阶级,他们与町人、农民相比,具有强烈的优越感。因此,他们特别强调"重名""知耻",并将这一观念明确记载到武士道论中。在武士阶级的思想意识中,名与耻的主要作用是维系上下垂直的主从关系,并规范他们的生活。在他们看来,维持主从关系不可或缺的"体面"和"脸面"就是要"重名""知耻"。

然而,随着社会的发展,町人阶层的经济实力逐渐增强,他们也开始重视"体面"和"脸面"的意识。在他们看来,"丢面子"的情况通常是受了侮辱或被冤枉,或是被喜欢的女人抛弃等。在这种情况下,他们会为了争面子不惜付出巨大的代价。

日本人对"名"和"耻"的意识是日本社会的基本结构造成的。与个人自身的自觉意识相比,日本人更重视现实中存在于人伦组织间的人际关系。因为他们生活在村、氏族等人伦共同体中,不得不重视共同体成员如何看待自己这一重大问题。为了得到人伦共同体对自己的认可,日本人会将共同体目标视为自己的目标,视共同体的利益为自己的第一利益。一旦自己让共同体失望或被共同体抛弃,他们会产生一种无法言说的耻辱感。而如果由于自己的过失、过错导致共同体的利益遭受损失,他们也会产生耻感。

日本人在从小接受的教育中就形成了"耻辱心理"。当日本人的孩子淘气时,他们的父母会在孩子的面前表扬其他孩子,说:"我喜欢听话、乖巧的孩子,而你那么淘气,真是令人惭愧。"这种讽刺的教育方法会对孩子的心理和人格产生很大影响,通常使人产生自我贬损、自我否定的感觉。

然而,日本的耻文化并非适用于所有范围,只有在对待跟自己密切相关的事情时,才会有耻的意识。此外,那些事情如果超出自己所定的"他人"范围外,耻的感觉也会随之消失。因此,在日本有这样一种说法:"旅途中的耻到旅行结束时就没了。"这表明,在日本社会中,耻感在某种程度上受到情境和人际关系的影响。在不同情境和人际关系中,日本人会调整自己的行为和态度,以维护自己的"名"和避免"耻"。总之,名与耻的意识在日本社会中具有重要地位,对日本人的行为和心理产生了深远影响。

第二节　日本人的文化心理

一、神道教信仰中的"实用主义"宗教观

（一）神道教与民俗文化

日本市民社会才是神道教真正生存发展的土壤,只有在日本民众中神道教才能不断地获得发展的动力。人们通过祭祀活动来缓解人与人,人与自然之间的矛盾,从而进一步促进了整个社会的相互团结与协作能力。无论发生任何事,只要维持住日本这种原有的本土形式的神道教祭祀活动,日本民族性的根本就可以一直延续下去。同时,祭祀活动的举行也是日本民众集体行为活动的一种重要表现,使人们从现代日常生活紧绷而又压抑的精神状态之中解放出来,得到短暂的自由与心灵的慰藉,人们可以返回到原有的日本文化底蕴之中去,并且还可以与自然神灵、祖先神灵之间保持精神上的密切联系,从中体现了大和民族的精神本质,从而树立起应有的民族自尊心与自豪感,进一步促进社会进步与国家富强。

1. 神道教中的祭祀对象

在神道教中,信奉数量最多的神灵是自然物神灵,它包括了大自然当中通过自然事物的方式而想象出来的神灵和通过自然现象的方式而想象出来的神灵。总之,自然物神灵被创造的本质是人们将与农业生产,日常生活有密切关系的各种自然事物和自然现象等进行人性化之后的一种抽象表现形式。这是因为人类社会在其原始社会早期阶段所产生的万物有灵和自然崇拜的思想理论,并且随着社会发展、知识进步而得到不断完善健全。

另外,便是概念神灵的产生,概念神灵是把人们本身的愿望和理想

第二章 日本人的思想观念与文化心理

加以人性化想象而出现的神灵。相比自然物神灵,概念神灵更具有宗教上的意义与拥有着更浓厚的宗教色彩。概念神灵对农业生产与人们日常生活的最大作用就是"产灵",即帮助人类本身的繁衍生息和促进农业取得丰收。在原始社会早期人们认为社会进步与生活富裕的两个最重要因素就是人口的大量繁育和粮食的丰收。因此人们这种渴望的情绪反映到神道教中就促进了概念神灵的诞生,所以民间祭祀活动的实质就是人们请求各种神灵的赐福,让神灵的这种"产灵"力量进入到人们的肉体之中,使之获得新的生命活力,来促进自身的生育能力和祈祷农业的丰收。

概念神灵在神道教神灵体系中是连接自然物神灵与氏族神灵的过渡部分,因为它既拥有着自然物神灵的功能,同时也具备了一部分氏族神灵所拥有的基本功能。概念神灵与氏族神灵的共同之处是将历史普通人物神格化之后所形成的神灵,而氏族神灵是人类社会的祖先神灵,它是由血缘关系所形成部落中的人们共同的祖先,并在他死后将其灵魂神格化的一种表现形式。

氏族神灵是在原始社会有所发展,人们的思想有所成熟的背景之下产生的。日本是一个以水田为主的国家,人们在利于水田耕种的地区定居,与此相适应的便产生了具有地缘性质和血缘性质的小型集团社会,所以氏族神灵拥有着血缘与地缘的双重性质。而且在水田的耕种中,人们在一起进行共同生产与生活,也因此形成了稳定的农业生产程序和群体生活样态,即早期的部落。为了巩固对人们生存和发展都具有重大关系的部落组织,同时也是为了强化人们的团结和协作的民族意识。

人们开始进行各种有利于生产与生活性质的祭祀活动,所以逐渐形成了信仰各种神灵的原始神道教的思想雏形。人们寄希望于能够将神灵所具有的神秘力量拿来为人们所用,能够促进农业生产,能够提高人们的生活水平。因此在氏族祖先的祭祀活动影响之下,要求每个人的自我欲望必须得到相对的约束,必须服从部落族长为代表的共同意志,才可以保证集体利益的最大化实现。因此,原始神道中的氏族神灵观念的本质是要求人们将宗族的族长或是部落的领导人作为整个部落唯一的精神支柱。也就是说把人们共同生活群体的意志作为个人意志的集中展现。因此,对于个人行为活动的评价就是以集体的共同利益作为其基准,凡是不利于集体利益的行为或者是违背集体意愿的行为,都被认作是罪恶的,并且会得到集体之内其他人的攻击。

对于日本人来讲,无论是自然物神灵,还是氏族神灵,作为他们的祭祀对象,根本目的都是希望有利于子孙后代繁衍,又或者是促进农业丰收和给自己生活带来实际恩惠等等愿望的实现。

一直以来,以神道教为代表的日本文化的最主要特点是自身的复杂性与多变性,他们积极引入外来先进文化,然后进行解析,剔除其中的杂质,将其中优秀的理论经典引入到本土文化之中,以促进自身文化的改良与进步。同时它又注重自身精粹文化的延续,使具有民族性的思想理论保留下来,将其作为大和民族的精神支柱。以现在的观点来看待日本的神道教信仰文化,集中为一点就是众多神灵体系的建构是为了回应人们在现实生活中的种种愿望,使其获得生活前进的动力,这就是日本神道教最本质的文化内涵。

神道教认为,神灵都是具有两面性的行为,一方面是具有恩惠性的,能够有利于人们日常生产活动的行为;而另一方面就是具有破坏性,不利于人们日常生产活动的行为。因此人们的祭祀活动主要目的就是用来镇压神灵的不利于人们生产生活的行为发生,祈求神灵能够保持有利于人们日常生产活动的行为的不断实现。人们在祭祀时,为了能够得到神灵的帮助,并且避免不必要的灾难发生,就必须保持心灵上的平静和肉体上的洁净。所以人们在祭祀期间,就要过一种神道教所规定的严格律己的生活,这就是所谓的斋戒。而且在此期间,人们必须严格禁止做出任何有阻碍生产和损坏物品的行为活动。在经过斋戒以后,人们就消除了身上的罪恶与污秽,才可以被允许进入神社对神灵进行祭祀参拜活动。

2. 家庭中的主要祭祀活动

在日本家庭中神道教祭祀活动多是通过神龛来进行的。放置神龛的地点一般选在家里干净整洁的地方,而且要使其面向东方或者南方,这样可以表示对祖先神灵的一种尊敬,也说明了神龛在日本家庭祭祀生活中所处的重要地位。作为家庭祭祀活动所使用的神龛,外表一般都仿造神社的形状而制作,可以说是神社的缩小版。在神道教理论中,灵魂观念是与祖先观念紧密地连接在一起的。祭祖先实际上是祭祖先的灵魂,而不是祖先腐烂的遗体。祖先的灵魂中,一般祖先的灵魂只对家庭成员有影响,而伟人、帝王的灵魂对整个氏族,甚至对整个民族都有

第二章　日本人的思想观念与文化心理

影响。

天照女神作为大和民族的氏族神灵,对整个民族都有着重大的意义,能够佑护世世代代的子孙健康成长。因此在神龛中所祭祀的主神,在最高处、最中间的位置,一般祭祀的是日本民族的祖先神——天照女神,其次再降一格的位子祭祀的是自己所信仰的其他神灵和已经离世的先人。日本家庭所用的这种祭祀方式可以使人们得到诸多神灵的护佑和保证人们与自己离世的先人之间保持精神上的密切联系。而且在神龛之内正中央天照女神的神座之前放置一面镜子,以此喻示日本三件神器之一的八咫镜,它代表了天照女神的威严与慈悲之心。在整个神龛上围上用稻草制作的绳索,将其称为"注连绳",其作用是阻止世间的污秽之物与恶灵进入神龛之内,使其形成干净的,神圣的领域。人们平时要向神龛供奉一些干净、新鲜的食品,将其称之为"神馔",以表示对神灵们的崇拜与感谢。祭祀活动结束之后的神馔可以被家人们一起食用,从中感受到神灵们对人们的恩德。

供奉的神馔主要是与人们日常生活密不可分的大米、水和盐,进而在此基础上还可以供奉酒、水产品及其他农产品等等。因为用神道教的观念来看,具有的蓬勃的生命力的新鲜食品,是作为神馔最好的选择,这样既表现出了人们对神灵们的崇敬和感谢之心,又可以从神灵们那里得到更好的佑护。并且随着日本社会的不断发展,传统意义上的神馔也在不断地发生改变,已经不仅仅局限于食品的范围之内,现在人们把一些具有奖励意义的特殊物品,都可以作为神馔来使用。因为受神道教文化的影响,日本民众认为事情的顺利成功与否,其中个人主观努力固然很重要,但是也不能忽视神灵的客观上所起的佑护作用。

神龛对于在日本家庭中有着极为特殊的意义与作用,它拥有着神道教祭祀活动的私人性与自由性等方面是神社所不具备的,所以在日本民众的精神信仰方面起着重要的补充作用。在神龛面前,家庭成员可以举行仅限于各自家庭范围之内的小型祭祀活动。一切与人们日常生活方面息息相关的事情,人们都可以在自己家里的神龛前举行丰富多彩的小型祭祀活动来进行庆祝。神龛的最大功能是人们对家族内部去世成员的悼念,通过神龛这种特殊的祭祀工具来表达家庭成员对离世亲属的思念与感激之情,从而更加巩固了家族的情感基础,而且还促使人们产生积极向上的生活动力。

受神道教深深影响的日本民众普遍认为,串联整个社会关系的纽带

· 19 ·

是被称之为"羁绊"的一种情感。它是更贴近个人心理层面上,一种微观的存在。这种情感即使在人死之后也不会消失,反而会变得更加紧密,家族情感更是如此。他们认为这是日本人经过千百年来的繁衍生息所形成一种特别的心理机制与文化渲染。这种自然的家族情感与对民族祖先神灵天照女神的崇拜之情相互融合,才是日本民族性所形成的最重要原因。

(二)神道教与精神文化

科学技术就是人类在现代社会文明中的一个重要产物,它在产生之后给人类社会带来巨大的改变,推动着人类社会在短时间之内创造了大量的物质财富与精神财富。与它相比,宗教虽然不容易被人们所理解,可是它在人类社会中所起作用却不容人们忽视。

在现代社会中,科学技术理性出现异化的情况之下,宗教中所具有的人本主义精神起到了重要的作用,它帮助人们缓解由技术理性带来的高强度的精神压力。宗教文化具有安抚人们心灵和成为信仰支柱的作用。从此功能上向过去追溯,日本文化中所包括的神道教,对日本社会的稳定向前发展产生了重要的作用。我们从科学与宗教相互对立又相互补充的关系上分析,在日本文化中就包括了这两方面的价值,这也是我们研究神道教文化的一个重要意义。

1. 神道教与现代科学

在现代日本,到处都能看到在现代工业文明的生产与生活活动中,还依然保留着具有原始形态的神道教祭祀活动。这种矛盾似的组合在日本现代社会中却没有显现任何不恰当之处,因为在神道教的观念之中,包括了现代高科技文明在内的任何事物,其基础与目的的核心是人们自身,对机械等生产工具进行祭祀使它们获得了新的生命动力,人们因此可以更好更自由地控制机械,突出了人的主体地位。

这就是日本民族的神道教信仰情怀,而且它才是神道教的本质意义。这种原生态的信仰模式形成了日本民族所特有的民族精神。即使当今日本处于科学技术高度发达的现状,仍然能够做到与大自然保持协调统一,从根本上来讲这与神道教文化对民众的思想上的影响息息相关。神道教中那种对于自然神灵的信仰，以及对于氏族祖先的崇拜情怀，也同样影响日本文化能够对于外来文化兼容并蓄。它不同于其他宗教所具有的强烈的排他性特点，允许人们在信仰神道教的基础之上信奉其他宗教，这也是日本当今经济文化高速发展的内部原因之一。

现代科学技术的不断发展使得人们的生活质量有了显著的提高，在物质生产极为丰富的今天，对生命的认知态度以及个人信仰力量的重要性便显得尤为突出。神道教提倡人们应该将个体信仰与自我生命融入自然之中，只有深刻地认识到自然的真正价值与意义，才能获得真正的幸福。与此相反，一味地重视科学技术的功能，将自我放入至高无上的地位之中，而将自然作为人类征服的对象时，就会遭到自然的疯狂报复，反而会出现反作用。这无疑是当今日本社会中神道教信仰的最现实的意义与重要价值。

2. 神道教与现代社会

以神道教为代表的日本文化将个人与集体之间的利益冲突压到最低，形成了个人的成长与发展依靠集体的帮助，同时集体整体性的实力上升又取决于个人的努力这种良性循环样态的关系。

在当今日本依然保留了很多具有民族特色的集体性神道教祭祀活动，从中表现出了日本传统农业社会所一直倡导的团结生存的意义。个人作为集体的一部分，只有将集体共同意志作为个人的生存和发展目的来看，才可以帮助集体变得更为强大。这无疑是当下日本神道教所具有的重要作用。因为人们所祭祀崇拜的神灵，可以说也是人们集体生活共同意志的一种映射，以其为基本内容的神道教，从整体上最大地体现出整个日本民族所具有的凝聚力。所以说日本神道教思想一直占据了国家民众思想的主体地位，而且在未来，它也同样会作为整个日本的文化主流与思想的核心地位而存在。

二、佛教信仰中的"实用主义"宗教观

佛教，作为一种古老的宗教信仰，其源头可以追溯到公元前 6 世纪的印度。随着时间的推移，佛教逐渐传播至世界各地，成为东亚地区最具影响力的宗教之一。在公元 6 世纪左右，佛教通过我国中原地区以及朝鲜半岛传入日本，开启了日本佛教历史的新篇章。

佛教在日本的传播初期，受到了一位重要的统治者——圣德太子的积极推动。他对佛教产生了浓厚的兴趣，不仅深入研究了佛教的思想理论，还大力修建寺院，以推广佛教在日本的传播。圣德太子在位期间，佛教在日本得到了迅速的发展。他主持修建的法隆寺，被誉为现存最古老的木质建筑，见证了日本佛教历史的悠久。

在圣德太子的推广下，佛教在日本社会上层阶级中取得了稳固的地位。直至 7 世纪初，佛教一直是日本贵族的宗教信仰。随着时间的推移，佛教开始在民间广泛传播。尤其是在 13 世纪，佛教"禅"的思想在武士阶层得到了广泛普及，进一步促进了佛教在日本的发展。

佛教在日本的传播历程中，不仅融入了日本本土的文化传统，还对其产生了深远的影响。在日本历史上，许多著名的文化人物都是佛教的忠实信徒，他们的作品也深受佛教思想的影响。佛教为日本文化注入了新的活力，使其在世界文化舞台上独树一帜。

总之，佛教自 6 世纪传入日本以来，经历了从上层社会到民间的传播过程。在日本历史的发展中，佛教发挥了至关重要的作用，不仅促进了日本文化的繁荣，还深刻影响了日本社会的价值观和信仰体系。如今，佛教已成为日本文化的重要组成部分，继续在日本社会发挥着积极的作用。

三、基督教信仰中的"实用主义"宗教观

在 16 世纪，天主教耶稣会传教士方济格成功地将基督教传入日本，这一宗教信仰在当时的日本社会中找到了一批热情的信徒。这些信徒主要来自贫困的农民阶层以及对西洋文化充满好奇的统治阶级。他们在接触到基督教的教义后，被其深深吸引，纷纷加入这个新兴的宗教。

经过一段时间的发展，到了 17 世纪，日本的基督教徒数量达到了巅峰，约有 75 万人。这个数字在当时看来相当惊人，因为那时日本的总人口也只有今天的四分之一。尽管基督教在日本社会中取得了一定的影响力，但其宣扬的一神信仰、人人平等、一夫一妻制以及原罪意识等教义，对于习惯了多神信仰的日本人来说，仍然是难以接受的。

更为重要的是，基督教的教义与日本封建统治阶级的利益发生了冲突。例如，基督教倡导的人人平等观念，显然与封建社会等级制度背道

而驰。此外,一夫一妻制也冲击了日本封建社会中的婚恋观念。因此,基督教在日本的发展引起了封建统治阶级的担忧,他们开始打压和禁止基督教在日本的传播。

在16世纪后期,日本著名的统治者丰臣秀吉发布了禁教令,严禁基督教在日本传教。许多基督徒因此遭到迫害,但他们中的许多人仍然坚定地信仰基督教,甚至在秘密中继续传播信仰。尽管禁教令严厉,但基督教在日本的社会影响力并未完全消失。

进入19世纪后半期,随着日本明治维新的展开,国家对西方文明展开了大规模的接纳和吸收。在这一过程中,基督教在日本再次迎来了发展的机遇。尽管基督教在日本再次兴盛起来,但其教义与日本传统宗教神道教和佛教的差异,使得它在日本的信徒数量相对较少。

总的来说,基督教在日本的历史是一部充满波折和挑战的历程。从最初的成功传入,到遭受打压和禁止,再到后来的复兴,基督教在日本的发展充分体现了宗教信仰与社会政治、文化传统的复杂关系。在今天,基督教在日本的影响力依然存在,但相较于神道教和佛教,其在信徒数量上仍处于劣势。这也反映出基督教在日本传播过程中所面临的困难与挑战。

第三章　日语语言理论观照

语言的发展往往先于文字的出现,这一点在日本语言的发展历程中得到了充分体现。对于日语的起源,学术界有着诸多不同的观点。其中一种观点认为,日语的源头可以追溯到神代,但这种说法并未得到有力的科学证实。通过对《魏志倭人传》的深入研究,我们可以发现,在日本地名、官名和人名中,"倭语"在弥生时代之前就已经存在,并且广泛流传。然而,这种早期的"祖语"又分化出了南方语言体系、北方语言体系和南北重层语系三个不同的语言体系。日本文字的形成过程也颇具争议。根据考古学家的研究,绳文时代的许多物品上并未留下任何文字痕迹。显然,这种说法并不能为我们提供确切的证据。然而,这并不意味着我们对日语语言文字的产生过程一无所知。在日本语言的研究过程中,我们需要关注不同历史时期的文化背景,探讨其对日语发展的影响。同时,还要关注日语的地理分布,分析其地域性特点。在此基础上,我们还可以研究日语的内外因素,以期更好地把握日语的演变趋势。

第一节　日语语言微观理论

一、日语语音

（一）日语辅音系统

日语一共有 25 个辅音。它们分别为：/k^h/、/g/、/ŋ/、/s/、/ʃ/、/dz/、/z/、/dʑ/、/ʑ/、/t^h/、/tʃ/、/ts^h/、/d/、/n/、/ɲ/、/h/、/ç/、/Φ/、/b/、/p/、/m/、/l/、/j/、

/c/、/dʒ/。

在语言学中,发音方式是衡量不同语言之间相似性和差异性的重要指标。对于日语和现代汉语来说,它们在发音方式上具有一定的相似性和差异性。在这两种语言中,都可以找到塞音、塞擦音、擦音、鼻音、近音和边音等发音类型。这两种语言在具体发音方面还是存在明显的区别。

首先,在塞音、塞擦音和擦音的发音上,日语具有清浊之分,而现代汉语则没有这种区分。在日语中,清浊音的区别主要体现在发音的声带振动上,清音发音时声带不振动,浊音发音时声带振动。而在现代汉语中,只有清音,并且还存在送气和不送气的区别。送气音是指发音时气流较强,不送气音则是指气流较弱。

其次,从发音部位来看,日语的辅音可以分为双唇音、龈音、腭龈音(post-alveolar)、龈腭音(Alveolo-palatals)、腭音(Palatals)、软腭音和声门音(Glottal)。与现代汉语相比,日语在发音部位上多了腭龈音、龈腭音和声门音,但少了唇齿音和卷舌音。这种差异使得日语发音在音质和音调上呈现出独特的特点。

进一步分析,日语语音系统中的 25 个辅音与日语五十音图具有密切的对应关系。这 25 个辅音包括了清音、浊音、半浊音以及鼻音等类型,它们在日语的音节构成和词汇表达中发挥着重要作用。这 25 个辅音还与日语的音节划分、音调变化等现象密切相关。

日语和现代汉语在发音方式上具有一定的相似性,但也存在明显的差异。这些差异主要体现在清浊音的区别、发音部位的多样性以及辅音类型的差异等方面。这些特点使得日语发音具有独特的风格和韵味,同时也为学习者提供了挑战和乐趣。在对比两种语言的发音特点时,有助于我们更深入地了解这两种语言的内在规律,从而提高语言学习的效果。

カ行 /kʰ/:キキクケコ
ガ行 /g/、/ŋ/:ガギグゲゴ
サ行 /s/:サスセソ
　　/ʃ/:シ
ザ行 /dz/:ザズゼゾ
　　/dʑ/(/ʑ/):ジ
タ行 /tʰ/:タテト

/tʃʰ/：チ
/tsʰ/：ツ
ダ行 /d/：ダデド
ナ行 /n/：ナヌネノ
/ɲ/：ニ
ハ行 /h/：ハヘホ
/ç/：ヒ
/Φ/：ホ
バ行 /b/：バビブベボ
パ行 /p/：パピプペポ
マ行 /m/：マミムメモ
ラ行 /l/：ラリルレロ

（二）日语元音系统

  日语的元音系统相对简洁，仅包含五个元音，分别为：ア /a/、イ /i/、ウ /u/、エ /e/、オ /o/。这五个元音在日语发音中具有重要的地位，它们不仅构成了许多日语单词的发音，还与其他音素相结合，形成了一系列丰富的音节。在发音部位上，日语的元音特点表现为舌面元音，而不存在舌尖元音。这意味着，发音时，舌面需与上颚或下颚接触，从而产生不同的元音音素。这一特点使得日语的元音发音相对容易掌握，但对于初学者来说，可能需要一定的时间来适应。此外，从口腔开闭情况来看，日语的元音不存在半开状况。这意味着，发音时，口腔的开合程度要么是完全闭合，要么是完全开放。这种特点使得日语的元音发音更加清晰明了，有利于提高口语交流的效率。

  总之，日语的元音系统具有简单、清晰的特征，包括五个舌面元音和无舌尖元音。这种特点有利于初学者快速掌握基本发音，并在实际交流中运用。同时，日语发音的复杂性并不仅限于元音，还包括辅音、音节、音调等方面，需要学习者不断练习和积累。通过深入了解和练习，学习者才能够更好地掌握日语发音，并在日常交流中运用自如。

  根据舌位高低、舌位前后、唇圆程度等，可以将元音来进行分类，如图 2-1 所示。

第三章　日语语言理论观照

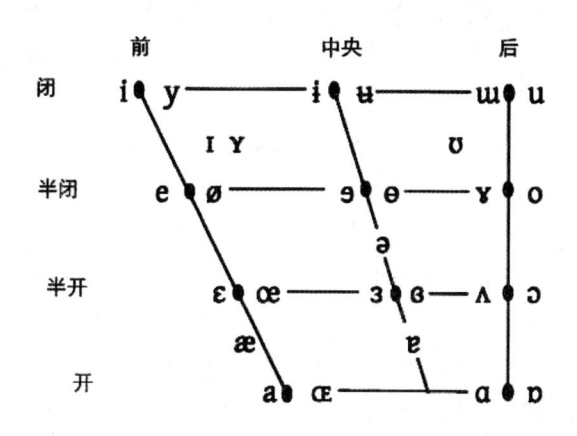

图 2-1　元音分类图

（资料来源：胡壮麟，2007）

二、日语词汇

（一）词汇的构成

如同英语一样，日语词汇也是由最小的音义结合单位——语素构成的。语素是词汇构建的基本元素，它们承载着词语的核心意义。为了更好地理解和运用日语词汇，我们可以将语素分为以下三类：词根、词缀和词尾。

首先，词根是日语词汇中的基本组成部分。每个词汇至少包含一个词根，这个词根承担着词语的核心意义。根据词根在构词过程中的独立性，我们可以将词根分为两类：自由词根和粘着词根。自由词根可以单独构成词语，例如「春」和「風」；而粘着词根则不能单独成词，它们需要与其他词根结合或附加词缀来构成词语，如「男女」中的「男」和「女」。

其次，词缀是用于修饰词根或整个词语的附加成分。词缀分为前缀和后缀两种。它们不能单独成词，必须与词根相结合，为词语赋予形式意义或词性。例如，在前缀「不」后面加上词根「满」，就构成了词语「不满」；在后缀「さむい」（寒い）后面加上前缀「とても」（非常），就形成了「非常寒い」（非常冷）。

· 27 ·

最后,词尾是附加在词根或词缀后面的部分,主要用于表示语法意义,属于词语的形态变化。例如,在词语「高い」(高)后面加上词尾「い」,就构成了「高い」(高的)。

此外,日语的构词法可分为广义和狭义两种。广义构词法包括语音构词、语义构词和语法构词。语音构词是通过改变语音形式来创造新词,如「おかえりなさい」(欢迎回来)中的「おかえり」(回来)和「なさい」(用于表示尊敬的词尾);语义构词是通过改变词语的意义来创造新词,如「幸福」(幸福)和「不幸福」(不幸福);语法构词则是通过改变词语的语法功能来创造新词,如「书いた」(写的)和「书く」(写)。

狭义构词法是通过语素的组合来创造新词,特指语法构词。例如,通过将词根「男」和「女」组合成「男女」,表示男性和女性;或将词根「走」和「る」组合成「走る」,表示奔跑。掌握日语构词法的特点和规律,有助于我们更好地学习和运用日语词汇。

(二)词汇的分类

1. 和词

和词是日本本土词汇,源于日本列岛的原住民语言。这类词汇在日语中占据较大比重,具有丰富的含义和独特的特点。和词主要包括以下几类:地名、人名、自然现象、动植物名称等。例如:东京(Tokyo)、山川(Yamagawa)、樱花(Sakura)等。

2. 汉词

汉词是指从中国传入日本的词汇,主要包括汉字词汇和一部分汉语词汇。在日语中,汉词占据了重要地位,涉及生活、文化、科技等各个领域。汉词在日语中的使用频率很高,如:朋友(Tomodachi)、爱情(Aijou)等。

3. 外来词

外来词是指从其他语言引入日语的词汇。这类词汇在日本社会中广泛使用,丰富了日语的表达方式。外来词主要来源于英语、法语、德语等欧洲语言,如:コーヒー(咖啡,coffee)、パン(面包,bread)等。

4. 混种词

混种词是指和词、汉词和外来词相互融合而成的词汇。这类词汇在日本社会中具有一定的独特性,如:卡拉OK(Karaoke)、御宅族(Otaku)等。

5. 创新型词汇

随着科技的发展和时代的变迁,日语中不断涌现出新的词汇,这类词汇称为创新型词汇。创新型词汇主要来源于科技领域、网络语言等,如:人工智能(人工智能,Artificial Intelligence)、推特(ツイッター,Twitter)等。

综上所述,日语词汇丰富多样,不同来源的词汇共同构成了日语的表达体系。学习和掌握这些词汇,对于提高日语水平和深入了解日本文化具有重要意义。

(三)日语假名

在古代,日本并没有自己的文字系统,因此在很长一段时间里,日本人民都是借助中国的汉字来书写自己的语言。这种借用汉字的方式来表达日本本土语言的现象,我们称之为"汉字音化"。

汉字音化是日本语言发展过程中一个重要的阶段,它使得日本人民能够通过汉字的音韵和训读方式来表达古日语的含义。在这个过程中,万叶假名应运而生,成为汉字音化用法的一种重要表现形式。万叶假名是基于汉字的音韵和训读规则创造出来的,它是一种草写的字体,用来书写古日语。

随着日本社会的发展和语言的演变,万叶假名也逐渐发生变化。在平安时代,日本人将万叶假名进行进一步的简化和发展,从而形成了今天的平假名。这种新的假名字体更加简洁、易写,逐渐成了日本主要的书写方式之一。

平假名的出现,标志着日本文字发展的一个新阶段的开始。从此,日本拥有了属于自己的文字系统,这极大地推动了日本文化、文学和教育的发展。同时,平假名也在一定程度上保留了古日语的音韵和训读特点,为我们今天研究古日语提供了宝贵的资料。

总之,从最初的汉字音化用法,到万叶假名的产生,再到平安时代的平假名演变,日本文字的发展经历了一个漫长而富有成效的过程。这一过程不仅见证了日本文字的成熟与发展,也体现了日本人民在语言和文化方面的创新精神。在今天,平假名已经成为日本文化的重要组成部分,承载着日本人民的智慧和文化传承。

表 3-1 是平假名的字源表。①

表 3-1 平假名的字源表

あ (安)	い (以)	う (宇)	え (衣)	お (於)
か (加)	き (幾)	く (久)	け (計)	こ (己)
さ (左)	し (之)	す (寸)	せ (世)	そ (曾)
た (太)	ち (知)	つ (川)	て (天)	と (止)
な (奈)	に (仁)	ぬ (奴)	ね (祢)	の (乃)
は (波)	ひ (比)	ふ (不)	へ (部)	ほ (保)
ま (末)	み (美)	む (武)	め (女)	も (毛)
や (也)		ゆ (由)		よ (与)
ら (良)	り (利)	る (留)	れ (礼)	ろ (呂)
わ (和)				を (遠)
ん (五)				

片假名,作为一种辅助性文字,拥有悠久的历史。它的诞生源于古代日本人在学习汉文时的一种特殊阅读方式,即所谓的"汉文训读"。在这个过程中,为了让日本读者更好地理解和发音,古代日本人便采用了片假名这种书写方式。片假名的主要作用是辅助汉字阅读,它是一种

---

① 翟东娜. 日语语言学 [M]. 北京:高等教育出版社,2006:23.

第三章　日语语言理论观照

不完整的表达方式，它的出现是为了弥补汉字在读音表达上的不足。

片假名的主要应用场景是表音，尤其是对于外来词和某些特殊词语的书写。由于片假名具有简洁、易读的特点，因此在日语书写中，尤其是在现代社会，片假名的使用越来越广泛。许多外来词，如科技、文化、艺术等领域的新兴概念，都可以用片假名书写。这不仅使得日语表达更加丰富多样，还极大地提高了信息的传递效率。

此外，片假名还在日本的传统艺术形式中发挥着重要作用。例如，在歌舞伎、能乐等表演艺术中，演员们常常会通过片假名标注的方式来记住台词。这种独特的记谱方法使得演员们能够快速掌握台词的发音和节奏，从而达到更好的表演效果。

片假名并非完美的辅助性文字。在一定程度上，它可能导致日本人在书写和阅读汉字时产生一定的依赖性。正因如此，在现代日语教育中，片假名和汉字的学习都受到了足够的重视。学生需要在掌握汉字的基础上，学会灵活运用片假名，以提高自己的阅读和写作能力。

总之，片假名作为一种辅助性文字，在古代日本人的汉文训读中发挥了重要作用。随着时代的发展，片假名已逐渐成为日语表达中不可或缺的一部分。在现代社会，我们应当继续发扬和传承这一独特的文字形式，同时不忘汉字的基础教育，使日语表达更加丰富多彩。

表 3-2 是片假名的字源表。[1]

表 3-2　片假名的字源表

ア（阿）	イ（伊）	ウ（宇）	エ（江）	オ（於）
カ（加）	キ（幾）	ク（久）	ケ（介）	コ（己）
サ（散）	シ（之）	ス（須）	セ（世）	ソ（曾）
タ（多）	チ（千）	ツ（川）	テ（天）	ト（止）
ナ（奈）	ニ（二）	ヌ（奴）	ネ（祢）	ノ（乃）
ハ（八）	ヒ（比）	フ（不）	ヘ（部）	ホ（保）
マ（末）	ミ（三）	ム（牟）	メ（女）	モ（毛）
ヤ（也）		ユ（由）		ヨ（与）
ラ（良）	リ（利）	ル（流）	レ（礼）	ロ（呂）
ワ（和）				
ン				

---

[1] 翟东娜.日语语言学[M].北京：高等教育出版社，2006：24.

（四）日语标点符号

日语标点主要包括「句読点」（如「。」「、」「・」）和一些其他符号（如表意性的「（ ）」「『 』」「？」和辅助性的「々」「ゝ」等）。日语的标点符号如表 3-3 所示。[①]

表 3-3　日语标点符号

符号	日语名称	主要功能
。	まる（句点）	用于句尾，横写时可写作「．」
、	てん（読点）	日语中不分逗号和顿号，统称为「読点」
・	なかてん	仅用于名词的并列
（ ）	かっこう	用于对语句加注
「 」（『 』）	かぎ（二重かぎ）	用于引用会话或语句时，或特别希望引起读者注意的时候。『 』用于在「 」中进一步引用时，也用于标示书名号
？	疑問符	用语语调特别强的疑问语气
！	感嘆符	用语语调特别强的感叹语气
―	ダッシュ	用语解释说明，还用语一个句子中语言中断、转换以及话题转换；对语言进行补充说明的时候标示语言之间的间隔；用语文章的副标题
……	てんてん	用于模糊语尾或会话中途被打断时
～	なみがた	用于标示期间或区间
＝	つなぎ	用于外来词、外国地名、人名等用语中途需要特别切分开的时候
ゝ	一つ点	用于代替前面的一个假名，如「ちゝ」等
々	同の字点	用于代替前面的一个或两个汉字，如「人々」等

三、日语语义

（一）语义学的定义

在探讨语义学的定义之前，我们先来了解一下语言的本质。语言

[①] 翟东娜．日语语言学[M]．北京：高等教育出版社，2006：25．

是人类交流的基本工具,它是一种复杂而神奇的系统,帮助我们表达思想、传递信息和理解世界。语言不仅包括词汇和语法,还包括了语用、语篇、语义等多个层面。语义学作为语言学的一个重要分支,专门研究语言中的意义问题。

那么,究竟什么是语义学呢?简而言之,语义学是研究语言中词语、短语和句子所表达的意义的一门学科。它关注的是语言单位与现实世界之间的对应关系,以及语言结构如何表达概念结构。换句话说,语义学旨在揭示语言背后的思维逻辑,探讨如何通过语言来表达和理解现实世界。

语义学可以分为几个主要分支,包括词汇语义学、句法语义学、语用学等。词汇语义学主要研究单词和短语的意义,以及它们如何组合成句子。句法语义学则关注句子结构如何影响意义,包括句子的逻辑结构和语义角色。而语用学则研究语言在实际交流中的意义,强调语境对于理解语言的重要性。

语义学在我国的研究历史悠久,取得了举世瞩目的成果。近年来,随着人工智能、计算机科学等领域的发展,语义学在很多方面都取得了突破性进展。例如,自然语言处理、机器翻译、语音识别等技术都离不开语义学的理论支持。此外,语义学在法律、医学、教育等领域也发挥着重要作用,对于消除沟通障碍、提高工作效率具有重要意义。

总之,语义学是一门深入探讨语言意义、揭示语言与现实世界之间关系的学科。它对于我们理解语言、提高沟通效果、发展人工智能等领域具有重要的理论和实践价值。随着科学技术的不断进步,语义学在未来也将继续发挥重要作用,助力人类更好地探索语言的奥秘。

(二)主流语义学理论

1. 结构主义语义学

结构主义语义学作为一种重要的研究方法,引起了广泛关注。结构主义语义学主张,语义是由语言结构决定的,它关注词汇和句子之间的关系,以及语境对语义的影响。

结构主义语义学的基本观点包括：

（1）语言结构决定语义。结构主义语义学认为，语言结构是语义产生的基础。语言结构包括词汇、语法和语境等多个方面，它们共同决定了语义的表达和理解。

（2）关注词汇与句子关系。结构主义语义学关注词汇和句子之间的内在联系。词汇通过特定的语法结构组合成句子，从而表达一定的语义。不同的词汇和句子结构对应着不同的语义。

（3）语境对语义的影响。结构主义语义学强调语境在语义表达和理解中的重要作用。语境包括说话者、听话者、交际目的等多种因素，它们都会对语义产生影响。

（4）语义的系统性。结构主义语义学通过分析语言结构，揭示了语义的系统性。语义系统包括词汇、语法和语境等多个层面，这些层面相互关联，构成一个完整的语义网络。

结构主义语义学是一种具有广泛影响力的语言学理论，它为我们揭示了语言结构与语义之间的密切关系。通过对语言结构的分析，我们可以更好地理解语义的系统性，为语言学习、教学和跨文化交际等领域提供理论支持。然而，结构主义语义学并非万能，它也有待于与其他理论相结合，进一步丰富和发展我国的语言学研究。

2. 认知语义学

认知语义学作为一种研究语义现象的分支，着重关注人类认知对语义的影响。认知语义学的基本理念：

（1）语义是认知的产物。认知语义学认为，语义不仅仅是语言现象，更是人类对现实世界的认知和表征。在这个过程中，人类通过对事物的属性、关系和功能的认知，构建了丰富的语义网络，从而实现了对现实世界的理解和描述。

（2）关注认知过程在语义中的体现。认知语义学关注概念结构、范畴化、隐喻等认知过程在语义中的体现。这些认知过程在很大程度上决定了人类如何理解和表达语义，从而影响到语言的生成和理解。

认知语义学的研究范畴如下。

（1）概念结构。概念结构是认知语义学的核心研究领域之一，它探讨人类如何将复杂的概念组织成有序的网络结构。在这个过程中，人类大脑通过对概念的分类、关联和整合,实现了对现实世界的认知。

(2)范畴化。范畴化是指人类将事物归类到特定范畴的过程。在认知语义学中,范畴化研究揭示了人类如何根据事物的共性将其归为一类,进而影响语义的表达和理解。

(3)隐喻。隐喻是认知语义学研究的另一个重要课题。它指的是人类通过将一个领域的概念、结构和关系映射到另一个领域,从而实现对新事物的理解和表达。隐喻在语义生成和理解过程中发挥着重要作用,有时甚至能改变语言的表意效果。

认知语义学作为一门跨学科研究领域,为我们揭示了人类认知与语义之间的密切联系。通过对认知过程的研究,我们可以更好地理解语言的本质,为现实世界中的各种应用提供理论依据。随着认知科学和人工智能技术的不断发展,认知语义学在未来将发挥越来越重要的作用。

3. 功能语义学

传统的语义学研究主要关注词汇和句子在理论上所表达的意义,而功能语义学则将研究视角转向了语言在实际使用中的意义。功能语义学认为,语义并非固定不变的,而是在特定语境下为实现特定功能而表现出来的。

功能语义学的基本理念如下:

(1)语境敏感性。功能语义学强调,语义的理解离不开语境。在不同的语境下,同一个词汇或句子可能表达不同的意义。例如,在日常生活中,当我们说"吃饭"时,通常指的是进食这一动作;而在邀请他人共进晚餐时,则可能表示一种友好的邀请。因此,理解语言意义的关键在于把握语境。

(2)功能导向。功能语义学认为,语言使用者的目的是实现特定的功能,如提问、陈述、劝说等。在实际交流中,语言表达的意义往往是为了满足这些功能需求。因此,功能语义学关注的是语言在实际使用中的功能表现。

(3)变异与多样性。功能语义学关注语言意义的多样性,认为语言变异是正常现象。在实际交流中,语言使用者会根据语境和目的,选择不同的表达方式。这种变异不仅体现在词汇和句子的形式上,还包括语调、节奏等语言要素。功能语义学试图揭示这些变异背后的意义差异。

功能语义学作为一种关注语言实际使用的意义研究,为我们理解语言的变异和多样性提供了有力的理论支撑。通过对语境、功能和变异的分析,可以更好地把握语言的意义,从而提高交流的准确性和有效性。在今后的语言学研究中,功能语义学将继续发挥重要作用,为解释语言的复杂现象提供有益启示。

(三)日语语义关系

语义聚合是指既有相同又有不同的语言单位之间的相互关系。概括来说,语义聚合关系主要有以下几种。

1. 多义关系

多义词在语言中的运用十分广泛,它们具有多个义位,这些义位之间既相互联系,又各自区别。这种联系与区别共同构成了词的丰富而复杂的语义体系,使得语言表达更加生动多样。

首先,多义词的各个义位之间存在密切的联系。这种联系主要体现在它们共享同一个词汇形式,即同一个单词或词根。例如,「まずい」与「お菓子」「文章」「顔」「結果」搭配分别意为"难吃的""拙劣的""难看的""不妙的"。从这些语义中仍可以看出其中的密切联系。

其次,多义词的各个义位在语义上有所区别。这种区别表现在它们分别对应不同的概念、属性或特征。

多义词的这种特点使得语言具有丰富的表达力和灵活性。在实际运用中,根据语境和表达需求,我们可以选择合适的义项。这种选择不仅体现在词汇层面,还表现在语法、修辞等方面。

总之,多义词的多个义位之间相互联系又有所区别,它们共同构成了词的语义体系。这一体系反映了人类语言的丰富性、灵活性和多样性,为人们表达思想、交流情感提供了广阔的空间。在学习和运用语言的过程中,了解多义词的这种特性,有助于我们更加准确、生动地表达自己的意思,提高语言表达能力。

2. 同义关系

在丰富多彩的日语词汇中,同义词现象是一个引人瞩目的现象。所谓同义关系,是指在语义上相同或相近的词语之间的关系。这些词语在表达意义时,可以互相替换,但又具有一定的差异性。通过对这些词语的深入研究,我们可以更好地理解日语的词汇体系和语言表达的丰富性。

首先,同义关系的形成源于语言的不断发展与演变。在语言的使用过程中,为了满足表达多样性的需求,人们往往会在原有词汇的基础上创造出新的同义词。这些同义词或源于对原有词汇的修饰,或源于对原有词汇的转化,使得语言表达更加丰富多彩。

其次,同义关系反映了人们对客观世界的认识和表达的多样性。世界是复杂的,人们对事物的认知和表达往往有不同的侧重点和角度。同义词的存在使得我们在表达相同意义时,可以选择不同的词语来强调不同的方面,如「値段-価格」「しゃべる-話す」等。

尽管同义词在语义上具有相似性,但它们在实际运用中仍有差异。这些差异主要体现在词语的语义、语体、语境等方面。因此,在实际运用中,我们需要根据具体的语境选择合适的同义词。

同义关系是日语词汇中一种重要的现象,它反映了语言的演变、人类认知的多样性以及语言表达的丰富性。通过对同义词的深入研究,我们可以更好地理解汉语的词汇体系和语言表达的奥秘。在实际运用中,我们要善于发现和区分同义词之间的差异,根据语境选择最合适的表达方式,以提高语言表达的准确性和丰富性。

3. 反义关系

反义关系,是一种特殊的语义关系,它存在于具有相同义素前提的词汇之间。这种关系体现在词汇的语义上,表现为相反的含义。所谓相同的义素前提是指反义双方必须处于同一范畴之中,这样才能形成真正意义上的反义关系。

首先,我们需要理解什么是义素。义素是词汇意义的基本构成单位,它是对词汇意义进行抽象和概括的结果。例如,「広い」和「狭い」都表示空间。

其次，反义关系中的双方必须处于同一范畴之中。范畴是词汇意义的基本组织结构，它是根据词汇的语义特征进行分类的。如果两个词汇不属于同一范畴，那么它们之间就不可能形成反义关系。

反义关系是一种具有相同义素前提而语义相反的关系，它要求反义双方必须处于同一范畴之中。这种关系在语言中具有重要的意义，它丰富了我们的词汇表达，反映了人类对于客观世界的认识和理解。在语言学习和运用中，理解和掌握反义关系是非常重要的。

4. 上下义关系

上下义关系，是一种词汇间的意义关联，这种关系体现在一个词的意义完全包含在另一个词的意义之中。在这类关系中，范畴较大的词被称为上义词，而范畴较小，被上义词所包含的词则被称为下义词。这种关系在语言学中具有重要的研究价值，有助于我们更好地理解和掌握词汇的内涵和外延。

首先，让我们了解一下上义词和下义词的概念。上义词，指的是具有较大范畴的词汇，它可以涵盖或包含多个下义词。下义词，则是被上义词所包含的、具有较小范畴的词汇。例如，「果物」包含「りんご、バナナ、西瓜、レモン」等。

上下义关系在语言表达中非常常见，它们有助于我们区分和描述不同层次的概念。此外，上下义关系在词汇教学中也有重要意义。学习者可以通过掌握上义词和下义词的关系，更好地把握词汇的内涵和外延，提高词汇理解和运用能力。上下义关系是词汇间的一种重要意义关联，它反映了词汇的层次结构和内涵外延。通过学习和掌握上义词和下义词的关系，我们可以更好地理解词汇的意义，提高语言表达和沟通能力。

5. 整体与部分关系

整体与部分的关系是指一个词表示的事物是另一个词所表示事物的组成部分，如「顔」包含「額、目、鼻、口、耳」等。

第三章　日语语言理论观照

四、日语语篇

（一）日语语篇研究

日本语言学家时枝诚记是日语语篇研究的首倡者，他在20世纪50年代初期提出了日语语言研究要研究文章论的倡议。这一倡议在当时可谓是一次创新的探索，为后来的日语语篇研究奠定了基础。

继时枝诚记之后，久野彰（1978）、市川孝（1978）、长田久男（1984）和永野贤（1987）等学者纷纷对日语语篇语言学进行了深入的研究。久野彰在《谈话的语法》一书中，从日语话语实际出发，以话语的两大特点，即省略和视点转换为出发点，对日语的语篇进行了全面的思考。他的研究虽然仅涉及两个部分，但成果显著。书中讨论了日语句子的省略顺序、后置句、不完全省略、主题省略，以及授予动词和递归代词的视点问题。尽管久野彰的研究已经将视角拓展到了语篇层面，但从今天的角度来看，他的研究仍可被视为较为初级的语篇语法研究的尝试。

市川孝（1978）在《国语教育之文章论概述》一书中，对文章的分类理论、句子的衔接理论、段落的衔接和排列、文章的结构等方面进行了探讨。他结合日语教学实际，对案例进行了语言学的分析，为日语教育领域提供了宝贵的理论参考。

长田久男（1984）在《国语连文论》中提出了连句的概念，这一概念类似于现代的句群概念。他对所谓的连句进行了详细的探讨，讨论了名词、动词、形容词、接续副词、诱导副词、并列副词等在句子和句子连接中的功能，实际上是对衔接问题进行了研究。

永野贤（1987）在《文章总说论—文法的考察—》中提出了文章论理论。这一理论突破了衔接的限制，全面系统地思考了日语文章的结构和由句法向篇章转换的方法。永野贤的著作以其系统性为特点，他构建了一个过程体系，试图将句法和章法理论衔接起来。然而，这一方法在某种程度上显得有些笨拙。尽管如此，永野贤在研究中提出了许多值得思考的问题，如主语连锁图设想、连接、连锁、统括的三分等，为日语语篇研究提供了新的视角。

综上所述，自时枝诚记以来，日本学者在日语语篇研究方面取得了一系列重要成果。这些成果不仅丰富了日语语言学理论,也为日语教育实践提供了有力的支持。如今,日语语篇研究已成为一门独立的学科,越来越多的学者致力于此,相信在未来的研究中,日语语篇研究将取得更为丰硕的成果。

(二)日语语篇与语境分析

1. 情景语境

情景语境的概念最早由马林诺夫斯基在南太平洋岛民的原始语言研究中提出。他发现这种语言的语义对语境具有严重的依赖性,许多词汇只有在特定的语境中才能明确其准确含义。由此,马林诺夫斯基提出了情景语境的概念,进一步揭示了语言使用的复杂性和语境在语言理解中的重要性。

后来,功能语言学派的韩礼德对情景语境进行了更深入地研究,并对其进行了新的划分。他认为,情景语境主要包括三个方面的内容,即话语范围、话语基调和话语方式。这三个方面共同构成了语篇的环境,影响着语篇的解读和理解。

话语范围是情景语境中的第一个重要方面,它表示语篇的环境因素,包括事件本身以及相应的人物、地点、原因等。话语范围可以从多个角度进行划分,如技术性和非技术性等。话语范围决定了语篇的主题、专业程度和目的性,是理解语篇含义的基础。

话语基调是情景语境中的另一个重要方面,它反映了语篇中交际双方的人物关系和话语角色。话语基调可以是长期的社会基调,也可以是暂时的交流基调。话语基调对语篇的人际意义具有重要影响,它受到权利、接触和感情等因素的制约。交际双方在这些方面的互动形成了话语基调,进而影响了语言的使用。

话语方式是情景语境中的第三个重要方面,它指的是语言在交际过程中的作用和交际者的期待。话语方式包括语篇的修辞方式,如书面语和口语等,以及语篇的地位意义。话语方式对主位结构和信息结构具有制约作用,影响了语篇的表达和理解。

情景语境的这三个方面与语篇的功能具有紧密的一一对应关系。

话语范围对应语篇中的概念功能,即人类语言普遍具有的反映客观世界和主观世界各种经验和逻辑关系的功能。话语基调对应语篇中的人际功能,体现了语气、人称和情态等方面的选择。话语方式对应语篇功能,对主位结构和信息结构具有制约作用。

在实际的语言使用中,我们需要注意到情景语境的这三个方面是相互影响、综合作用的。它们形成了一个复杂的关系网络,对语篇的连贯性和理解具有重要意义。因此,在分析和理解语篇时,我们需要全面考虑这三个方面,以更好地把握语言使用的内涵和外延。

总之,情景语境是一个多层次、多维度的概念,它包括了话语范围、话语基调和话语方式三个方面。这三个方面相互关联、相互影响,共同构成了语篇的环境,影响着语篇的解读和理解。通过深入研究情景语境,我们可以更好地把握语言使用的复杂性和多样性,进一步提高语言理解和应用的能力。

从上述论述中,我们可以清楚地认识到,语篇的语义连贯性是建立在情景语境之上的。情景语境的三大要素,即参与者、时间和空间,都是动态变化的因素,因此,我们可以将它们视为一个变量。在语言研究中,语篇分析占据了重要的地位,而语篇分析的过程必须依赖于情景语境的深入理解。

2. 文化语境

文化对国家的历史、风土、民俗、地理等方面具有强烈的传承性。这种传承性不仅体现在语言文字、传统习俗、宗教信仰等方面,还表现在人们的思维方式、价值观念、审美标准等方面。文化语境是文化传承的重要载体,它蕴含了丰富的文化信息,对语言使用者具有强制性的影响。

文化语境具有明显的群体性和区域性。群体性体现在文化语境是长时间历史积淀的产物,被本国或本民族的语言使用者所接受,成为他们共同遵循的规范。区域性则表现为文化语境因地域差异而有所不同,比如,日本茶道文化中的「和静清寂」、「一期一会」等词语,如果没有适当的解释,外国人很难理解其深刻含义。

语言是文化的载体,文化则是语言的灵魂。语言和文化密不可分,相互影响,相互塑造。文化语境对语言的使用具有强制性,体现在语篇的形成、表达方式、词汇选择等方面。比如,在日本文化中,非法规原因的拒绝通常都用委婉的表达方式。

因此,当我们翻译涉及特定文化的语篇时,需要充分考虑文化语境的影响,避免直接套用其他文化的表达方式,否则可能导致语义混乱,使读者无法理解。

文化语境在语言使用中起着至关重要的作用,它影响着语篇的表达方式、词汇选择,甚至语法结构。要准确理解和翻译涉及特定文化的语篇,就必须深入了解相关文化背景,掌握其文化语境。只有这样,我们才能跨越文化差异,实现有效沟通,更好地理解和传播不同文化。

文化语境,作为一种社会现象,无疑具有鲜明的时代性。正如一切事物一样,文化语境也处在不断变化的过程中。时代的变迁、社会的发展,都会在文化语境中留下深刻的印记。这种动态变化使得文化语境更具丰富性和多元性,为人们提供了更加广泛的知识和视野。

在这个过程中,文化语境的载体——语言,也随之发生变化。古老的语篇,如同历史的瑰宝,承载着丰富的历史信息和文化内涵。这些古老的语篇在现今社会,如若没有适当的解释,对于大多数读者来说,往往难以理解其内在的逻辑和意义。

这就要求我们在解读这些古老语篇时,不仅要了解当时的文化背景,还要关注时代变迁带来的文化差异。只有这样,才能将这些古老的语篇解读成连贯、富有逻辑的文本,让读者更好地领略其中的文化韵味。

此外,我们还要认识到,文化语境的时代性并非孤立存在,而是与其他社会因素紧密相连。政治、经济、科技等方面的变革都会影响文化语境的发展。例如,「草の戸も住み替はるよぞ雛の家　表八句を庵の柱に掛け置く」(草庵已换主,女儿节里摆偶人,欢乐满户)。

文化语境的时代性及其动态变化过程,为我们提供了理解历史、观照现实和展望未来的视角。在传承和发扬传统文化的过程中,我们要关注文化语境的变化,学会在不同的文化背景下进行交流和沟通,以促进文化的繁荣发展。同时,也要善于从古老的语篇中汲取智慧,为现代社会的发展提供有益的借鉴。这样,我们的文化才能在传承与创新中不断繁荣,为全人类作出更大的贡献。

文化语境,作为语言交流的背景和土壤,对语篇连贯性的影响无疑具有深远意义。在对比不同语言的文化语境时,这种影响尤为显著。集体意识,作为文化语境的重要组成部分,与文化语境形成了相互影响、相互塑造的关系。同样的文化语境孕育出相似的集体意识,而集体意识的反哺又进一步塑造和巩固了文化语境的独特性。

日本作为一个拥有独特文化传统的国家,其独特的文化语境对语篇连贯性的影响是多方面的。

首先,日本文化语境中的价值观、思维方式和世界观与我国等其他国家存在明显差异,这使得日本语言的表达方式和表达习惯独具特色。例如,日本语言中强调的和谐性和谦逊性,使得其在表达观点时往往采用较为含蓄、委婉的方式,这与直接、明确的表达方式形成了鲜明对比。

其次,日本文化语境中的审美观念和情感表达也对其语篇连贯性产生影响。日本文化倾向于追求一种意境,即"物哀""幽玄"等,这种意境在日本文学和艺术作品中得到了淋漓尽致地表现。因此,在日本语篇中,作者往往通过细腻的描绘、寓意深刻的比喻和象征手法,将情感和审美观念融入其中,使得语篇呈现出一种独特的韵味和意境。

此外,日本文化语境中的礼仪和道德观念也对语篇连贯性产生影响。在日本,尊重他人和遵守社会规范是非常重要的,这在语言表达中也有所体现。日本语篇在表达观点时,会尽量避免对他人造成冒犯,遵循一定的道德和礼仪规范。这种语言表达方式使得日本语篇在传递信息的同时,也体现了对读者的尊重和关怀。

总之,日本独特的文化语境对语篇连贯性产生了深远影响。这种影响体现在语言表达方式、审美观念、礼仪道德等多个方面,使得日本语篇在世界范围内具有较高的辨识度和独特性。在跨文化交流中,了解和把握这种文化语境的影响,对于准确理解和传达信息具有重要意义。对于我国来说,既要充分认识到日本文化语境的独特性,也要深入研究和掌握其对语篇连贯性的影响,以便在跨文化交流中更好地传播我国的文化和价值观。

例如,2004 版《实用日语会话》第 81 页的对话。

王:もしもし、田中さんのお宅ですか。

田中:はい、そうです。

王:王ですが、幸子さんいらっしゃいますか。

田中:はい。少々お待ちください。

幸子:はい。電話がかわりました。幸子です。

王:王です。お元気ですか。

幸子:おかげさまで。

我们再来观察一下汉语的译文。
王：你好，是田中的家吗？
田中：是的。
王：我是小王。幸子在家吗？
田中：在，请（您）稍等。
幸子：喂，（换人了）我是幸子。
王：我是小王。你好吗？
幸子：好，托你的福（我很好）。

观察可见，日语语篇中通篇没有「私」「あなた」，但语篇连贯，语义清晰。受文化语境差异的影响，我们翻译成汉语时却需要补足人称代词。

第二节　日语语言宏观理论

一、日语语用学

（一）语用学的概念

"语用学"这一概念，最初并非源于语言学领域，而是由美国哲学家查尔斯·莫里斯（Charles Morris）提出的。在20世纪30年代末，莫里斯对语用学的研究对象与范围进行了初步的划定，并将作为符号解释者的人的因素纳入语言学研究之中。然而，给语用学下一个完备的定义并非易事。在我国，当代语用学的经典著作《语用学概论》《新编语用学概要》和《语用学教程》对语用学的概念进行了较为准确的界定，为我们理解语用学提供了清晰的视角。

何兆熊先生对语用学的定义具有一定的概括性和抽象性，他认为："语用学是一门科学地研究语言使用的学科。"这一定义简洁明了，直接揭示了语用学的本质。

1978年，坂本百大将奥斯汀的言语行为理论名篇《如何行事》（How to Do Things with Words）译成日语并出版，译名为『言語と行為』。1980年，毛利可信出版的『英語の語用論』一书，被誉为介绍言语行为

第三章　日语语言理论观照

的开山之作。而真正将语用学理论应用于口语研究的著作,则是1990年出版的小泉保的『言外と言語学—日本語語用論—』。

1998年,日本语用学会(The Pragmatics Society of Japan)成立,小泉保担任会长。该学会每年定期出版学术刊物『語用論研究』,并在每年12月第一周的周六举办日本语用学大会。

虽然有不同的定义,但它们只是侧重面不同,并无优劣之分。这些不同的侧重角度,实际上加深了我们对语用学这一学科的理解。语用学是一门研究语言在特定语境中所产生的特定语用含义的学问,这种语用含义与说话人的意图密切相关。同时,语用学也为理解语用含义提供了一系列原则与方法。总之,语用学是一门深入探究语言使用行为及其内涵的学科,为我们理解语言在实际运用中的复杂性和多样性提供了重要的理论依据。

（二）日语会话分析理论

会话分析(「会話分析」),是一种起源于民族学方法论的语言学研究方法。会话分析理论起源于20世纪70年代,这一时期的话语分析研究受到了结构主义语言学家索绪尔和转换生成语言学家乔姆斯基的深刻影响。在这两位语言大师的理论体系中,日常会话并未受到足够的重视,甚至被排斥在研究范围之外。他们关注的更多的是语言的结构和生成规则,而非实际的交际过程。

随着会话分析理论的提出,研究者们开始意识到,说话人和听话人在语言使用中的主体地位以及对主体间性的探讨,对于语言研究具有重要的理论价值。会话分析理论强调,说话人和听话人在语言交流中形成的平等关系,以及他们在交际过程中的互动和对话,都是语言研究的重要组成部分。

尽管乔姆斯基在理论中也强调了说话人和听话人的地位,但他更多的是从语言的生成和转换角度来进行研究的,而非关注实际的交际过程。会话分析理论则更加关注日常会话中的互动细节,通过分析对话的结构、语境和交际策略等方面,揭示了语言使用的实际运作机制。

会话分析理论为语言学研究提供了一个全新的视角,使我们对语言交际过程有了更深入地理解。通过对日常会话的细致分析,我们可以更好地了解语言的本质和社会属性,进一步丰富和完善语言学的理论体系。同时，会话分析理论也为实际的言语交际提供了有益的指导，有助于提高人们的口语表达能力和社会交往能力。

哈维·萨克斯（Harvey Sack）的理论起源于对简单语境制约现象的深入研究。他认为，同一个句子在不同的语境下，其意义会发生改变。这一观点在语言学领域并不罕见，然而，萨克斯却以此为起点，对日常会话中的句子序列进行了探索。在这个过程中，他发现说话人的话语受到前一个说话人话语的制约，从而产生了话语权、毗邻对、序列等关键概念。

这些发现使哈维·萨克斯成功地构建了会话分析理论。从对话主义逐渐成为历史舞台主角的角度看，这一理论实际上是主体间性等对话理论的具体体现。萨克斯的贡献在于，他不仅提出了这些理论，而且还将其付诸实践，使其具有更深刻的意义。

哈维·萨克斯的研究成果超越了巴赫金等学者，他们虽然也想探讨类似的问题，但未能将其付诸实践。萨克斯通过对会话分析的理论构建，使得对话研究不仅仅停留在理论层面，而是有了更加丰富的实证依据。

哈维·萨克斯的理论对于我们理解日常会话中的语境制约现象具有重要意义。他的研究方法启示我们，要想深入了解对话中的意义生成过程，必须关注说话人之间的互动关系。此外，他的理论还为对话研究提供了新的视角，使得对话分析不再局限于单一的语言学研究，而是与心理学、社会学等多个领域产生了交叉。

总之，哈维·萨克斯的会话分析理论是对话研究的重要突破。他成功地将理论研究与实践相结合，为后续研究提供了宝贵的启示。在对话主义逐渐崛起的今天，萨克斯的理论显得尤为重要，值得我们深入学习和探讨。

二、日语认知语言学

认知语言学是一门研究人类语言表达与思维认知之间关系的学科。它主张语言并非仅仅是被动地传递信息的工具，而是人类在与环境互动过程中不断构建、调整和优化认知世界的思维载体。通过对认知语言学的研究，我们可以更好地理解人类如何运用语言表达思维，进而揭示语言与认知之间的内在联系。

第三章　日语语言理论观照

（一）认知语言学的基本理论

1. 语言的认知基础

认知语言学认为，语言并非孤立存在，而是建立在人类的认知基础之上。人类的认知系统包括知觉、思维、记忆、情感等多个方面，这些认知过程为语言表达提供了丰富的素材和结构基础。

认知语言学进一步指出，语言与认知的紧密关系体现在以下几个方面：

（1）隐喻思维与语言表达

隐喻是一种重要的认知方式，它使人们能够通过对已知事物的理解来认识新事物。在语言表达中，隐喻思维起到了关键作用。例如，"时间是金钱"这一表达，就是将时间与金钱进行隐喻，强调时间的宝贵和稀缺。这种隐喻表达使得语言更加生动形象，丰富了语言的内涵。

（2）范畴化与语言分类

范畴化是人类的另一种认知能力，它使我们对世界上的事物进行归类和区分。在语言中，范畴化表现为词汇和语法的分类。例如，英语中的名词、动词、形容词等词类划分，以及句子结构的层次关系，都反映了人类对语言的范畴化认知。

（3）认知语境与语言理解

认知语境是人们在交流过程中所依赖的认知框架，它包括说话者的背景知识、交际目的等多种因素。在语言理解中，认知语境起到了关键作用。例如，在理解一句双关语时，我们需要借助认知语境来判断其确切含义。同时，认知语境的变化也会导致语言表达和理解的不同。

（4）情感因素与语言表达

情感是人类认知系统中不可或缺的一部分，它在语言表达中起到了丰富语言色彩和表达情感的作用。例如，在表达喜悦、愤怒、悲伤等情感时，语言会呈现出不同的语气、词汇和句式。这些情感因素使得语言更加丰富多彩，传达了人类的内心世界。

总之，认知语言学揭示了语言与认知之间的密切关系。通过对认知过程的研究，我们可以更好地理解语言的本质、语言的生成与理解，进而提高语言表达和交流的效果。在今后的语言学研究中,认知语言学将发挥越来越重要的作用。

2. 语言的动态性

认知语言学强调语言表达的动态性,认为语言是在使用过程中不断生成、变化和发展的。这种动态性体现在词汇、语法、语用等多个层面,反映了人类在与环境互动过程中对认知世界的不断调整和优化。

认知语言学的理论体系涵盖了多个重要方面,如概念隐喻、框架理论、认知语法等。这些理论为我们理解语言的动态性提供了丰富的视角。在此背景下,我们可以进一步探讨认知语言学在其他领域的应用,以及如何将认知语言学的理念应用于实际教学中。

首先,认知语言学的理念有助于我们更好地理解跨文化交际中的语言障碍。不同文化背景下的语言表达差异,很大程度上源于人们认知世界的不同方式。通过研究认知语言学,我们可以深入了解这些差异,从而提高跨文化交际的能力。此外,认知语言学也为翻译实践提供了理论支持。了解语言的动态性有助于译者在翻译过程中灵活调整策略,更好地克服语言难题。

其次,认知语言学的理念对二语习得研究具有重要意义。传统的二语习得理论往往强调语言输入和输出的重要性,而认知语言学则关注学习者在习得过程中如何构建认知结构。这一观点有助于我们理解二语习得的复杂性,并为教学实践提供指导。教师可以从认知语言学的角度,设计有针对性的教学活动,帮助学习者构建有效的认知结构,提高二语习得的效果。

此外,认知语言学的理念对我国外语教育政策制定也有启示。政策制定者应关注外语教育中的认知因素,重视培养学习者的跨文化认知能力。同时,教育部门应加大对认知语言学研究的投入,推动相关领域的理论发展和实践应用。

总之,认知语言学为我们理解语言的动态性提供了有力的理论支持。这一学科不仅有助于我们更好地认识语言的本质,还为跨文化交际、二语习得和外语教育等领域提供了有益的启示。随着认知语言学在我国的研究不断深入,我们期待这一学科能为我国的语言教育和国际交流做出更大的贡献。在这个过程中,研究者、教育者和政策制定者应共同努力,将认知语言学的理念应用于实际教学中,为提高我国的语言教育质量和国际竞争力贡献力量。

3.语言的范畴化

认知语言学作为一门研究人类语言表达与认知过程相互关系的学科,主张人类通过对现实世界的范畴化,将复杂多样的现象归纳为具有相似性的范畴。这一观点揭示了语言与认知之间的紧密联系,有助于我们更好地理解人类如何理解和描述这个世界。

范畴化过程在语言表达中体现为词汇和语法的分类体系。词汇分类体系是基于现实世界中事物的属性与特征,将相似的事物归为同一类别。这种分类有助于人们在认知过程中快速识别和区分不同的事物。语法分类体系则是对语言结构的组织和规范,它使语言具有层次性和递归性,从而使语言表达更加丰富和灵活。

这种范畴化过程具有以下几个重要作用:

(1)简化认知世界。通过对现实世界进行范畴化,人类可以将大量复杂的信息进行整理和归类,降低认知负担。这使得人们能够更加高效地处理和理解信息,从而更好地适应环境。

(2)提高信息传递效率。范畴化有助于人们用简洁明了的语言表达思想,减少沟通中的误解和歧义。语法和词汇的分类体系使得信息传递更加高效,降低了社会交往的成本。

(3)促进思维发展。范畴化过程有助于人们发现事物之间的共性和差异,培养抽象思维和逻辑推理能力。这种思维能力在人类社会的发展中起到了至关重要的作用。

(4)丰富语言表达。范畴化使得语言具有丰富的内涵和多样的表达方式。通过对事物的归类和描述,语言能够传达更加细腻和深刻的意义,丰富了人类的文化和认知。

总之,认知语言学认为,人类通过对现实世界的范畴化,将复杂多样的现象归纳为具有相似性的范畴,这种范畴化过程在语言表达中体现为词汇和语法的分类体系。这种分类体系不仅有助于简化认知世界,提高信息传递的效率,还促进了思维发展,丰富了语言表达。进一步研究认知语言学,将有助于我们更加深入地了解人类语言与认知的内在联系,为语言教学、人工智能等领域提供理论支持。

4. 隐喻与转喻

认知语言学是一门研究语言现象和人类认知过程的学科,它关注的核心问题之一就是隐喻和转喻在语言表达中的重要作用。隐喻和转喻作为一种修辞手段,不仅为语言表达增添了丰富多彩的色彩,而且还推动了人类认知的发展,丰富了我们的思维方式。

首先,我们来了解一下隐喻。隐喻是一种将一个概念映射到另一个概念上的修辞手法,通过这种方式,我们可以表达出新颖、深刻的意义。在语言表达中,隐喻使得概念之间得以相互联系和转换,从而使得语言具有更强的表达力和感染力。

其次,转喻则是另一种修辞手法。转喻是通过将一个词或短语从原有语境中移除,赋予其新的含义。与隐喻不同,转喻更多地依赖于词汇本身的意义变化。例如,"网络"这个词汇,在早期仅仅表示电子网络,而现在则更多地被用来形容一个庞大的信息交流系统。这种转喻现象使得词汇具有了更丰富的内涵和外延。

隐喻和转喻在语言表达中的运用,不仅丰富了语言的内涵,而且推动了认知的发展。通过对这两种修辞手法的运用,我们可以更好地理解和描述世界,进而拓展我们的思维空间。此外,隐喻和转喻还有助于不同文化之间的交流和理解,因为它们可以使我们用一种更为生动、形象的方式表达出不同文化背景下的概念和观念。

总之,认知语言学关注隐喻和转喻在语言表达中的作用,这两种修辞手法为语言表达增添了丰富的内涵,推动了人类认知的发展。在今后的语言研究和教学实践中,我们需要更加关注这两种修辞手法,以便更好地理解和运用语言,提高我们的表达能力。同时,我们也应该学会善于运用隐喻和转喻,以此丰富我们的思维方式和认知世界。

(二)认知语言学的研究方法

1. 实证研究

认知语言学作为一门跨学科研究领域,旨在揭示语言与认知之间的内在联系。在这一领域中,研究者运用各种实证研究方法,例如观察、实验和数据分析等,来深入探讨语言现象背后的认知机制。

认知语言学的发展,使得人们逐渐认识到语言并非仅仅是传递信息的工具,而是涉及思维、认知、感知等多个方面。通过对语言现象的实证研究,研究者们发现语言的使用和理解与人类的认知过程密切相关。例如,研究发现,人们在理解和使用语言时,需要调用大脑中的各种认知资源,如注意力、记忆、推理等。

在认知语言学的框架下,研究者们还关注语言在不同语境下的变异和调整。其中包括语法、语义、语用等多个层面。例如,人们在日常交流中,常常需要根据语境调整自己的语言表达,这种现象背后反映了认知机制的作用。此外,认知语言学还关注语言与思维之间的关系,如语言对概念结构、认知策略等方面的影响。

随着认知语言学的研究不断深入,越来越多的学者开始关注这一领域。我国的认知语言学也得到了长足的发展。研究者们结合汉语的特点,探讨了汉语的语言现象和认知机制。如汉语中的"把"字句、量词的使用等,都体现了汉语独特的认知特点。此外,我国学者还关注认知语言学在教育、翻译、人工智能等领域的应用,以期为实际问题提供理论支持。

总之,认知语言学作为一门研究语言与认知之间关系的学科,为我们理解人类语言行为和思维方式提供了有力的理论依据。未来,随着认知科学、人工智能等技术的发展,认知语言学将继续拓展研究领域,为揭示语言与认知的奥秘贡献更多力量。

2. 跨学科研究

认知语言学作为一门跨学科研究领域,旨在深入探讨语言与认知之间的关系。为了实现这一目标,认知语言学积极与其他相关领域,如心理学、神经科学、社会学等展开密切合作。通过多学科交叉研究,认知语言学得以全面深入地揭示语言在人类认知过程中的作用,以及语言对认知发展的影响。

在心理学领域,认知语言学借鉴心理学的理论体系和研究方法,探讨语言加工、语言习得、语言障碍等方面的问题。借助心理学的研究成果,认知语言学得以深入了解语言在认知过程中的运作机制,从而为语言教学、语言康复等领域提供理论支持。

与神经科学的合作则有助于揭示语言与大脑功能之间的关系。神经科学研究表明,大脑的不同区域负责不同类型的语言处理。通过神经科学技术,如功能性磁共振成像(fMRI)、脑电图(EEG)等,研究者可以直观地观察到语言加工过程中大脑的活动。这些研究成果为认知语言学提供了有力的神经科学依据,有助于进一步探索语言与认知的神经基础。

在社会学领域,认知语言学关注语言在社会生活中的实际运用,以及语言对社会认知的影响。从社会学的视角,认知语言学可以深入了解语言在不同文化背景下的使用规律,以及语言在社会互动中的角色。这有助于拓展认知语言学的研究范围,使其不仅局限于个体认知层面,还关注到社会认知层面。

在多学科交叉的基础上,认知语言学不断拓展研究领域,丰富研究方法。除了传统的实验研究、问卷调查等方法,认知语言学还采用计算建模、神经影像学等技术手段,以期在更为广泛的层面上揭示语言与认知的奥秘。

总之,认知语言学通过与其他相关领域的密切合作,实现了跨学科研究的发展。在多学科交叉的基础上,认知语言学全面深入地探讨语言与认知的关系,为语言教学、语言康复等领域提供了有力的理论支持。随着科学技术的不断进步,认知语言学将继续拓展研究领域,丰富研究方法,致力于揭开语言与认知的神秘面纱。

3. 语料库研究

认知语言学是一门跨学科的研究领域,不仅涉及语言学,还涉及心理学、神经科学、哲学等多个学科。随着科技的不断发展,认知语言学得以充分利用现代计算机技术和大规模语料库,从而深入挖掘和分析语言规律和认知规律。

在挖掘和分析语言数据的过程中,认知语言学家发现了很多有趣的规律。例如,人们在表达相似概念时,往往使用相似的语言结构。这种现象被称为"语言的共性"。认知语言学通过对这些共性的研究,揭示了人类认知世界的方式和过程。

第三章　日语语言理论观照

另一方面,认知语言学还关注语言的个体差异。每个人的语言使用都带有个人特点,这种特点受到个体认知、情感、文化背景等多种因素的影响。因此,在研究语言规律时,需要充分考虑这些因素。通过分析大规模语料库,认知语言学家可以更好地了解不同人群的语言使用特点,为个性化教育、心理咨询等领域提供有益的参考。

认知语言学还致力于探究语言与认知之间的关系。许多研究表明,语言不仅仅是交流工具,还参与了人类的思维过程。例如,人们在解决问题、进行创新思维时,往往需要借助语言来进行思考和表达。因此,认知语言学的研究有助于我们深入了解人类思维的本质和机制。

在我国,认知语言学的研究也取得了一系列重要成果。研究者们不仅关注理论研究,还积极应用于实际场景,如语文教育、智能语音识别等领域。这些成果为提高我国语言教育质量、推动人工智能发展等方面提供了有力支持。

总之,认知语言学作为一门研究语言与认知相互关系的学科,在现代科技的支持下,正不断揭示语言规律和认知规律。这些研究成果不仅有助于我们更好地理解人类语言和思维,还为多个领域的发展提供了有益启示。随着科技的不断进步,认知语言学将继续发挥重要作用,推动人类文明的进步。

（三）日语认知语言学的主要理论

1. 隐喻理论

认知语言学中,隐喻(metaphor)被视为一种至关重要的理论。它是一种人类的认知方式,通过运用一个认知域来理解另一个认知域。籾山洋介认为,根据不同的相似性基础,隐喻可以进一步划分为以下三类:基于"外形的相似性"的隐喻,基于性质等"抽象的相似性"的隐喻,以及基于"空间—时间的相似性"的隐喻。

首先,关于"外形的相似性",它指的是两个事物或概念在形状、颜色、大小等方面的相似性。这种相似性可以引发隐喻。例如,电脑鼠标(「コンピューターのマウス」)与实际老鼠的外形相似,因此,电脑中用手操作的部分被赋予了"老鼠"的称谓。另一个例子是,用鸡的皮肤来形容人在寒冷或恐惧情况下皮肤的变化,这也源于二者在外形上的相似性。

其次,基于"抽象的相似性"的隐喻是指两个事物或概念在性质等抽象方面的相似性。例如,句子"他被陷入了别人的陷阱"(「あいつの罠にはまってしまった」)中的"罠"原本是指用来捕捉鸟类、野兽等的圈套或陷阱。这里的隐喻相似性在于"精心设计"以达到不被发现的目的。另一个例子是将"思想"比作"食物",因为我们都知道"食物"可以被身体消化、吸收,并最终转化为身体所需的营养物质。同样,在这里,"思想"与"食物"的相似之处在于它们都可以被身体消化吸收。

最后,关于"空间—时间的相似性",它指的是表示空间的概念域和表示时间的概念域在某一方面的相似性。例如,句子"最近天气一直很好"(「このところいい天気が続いている」)中的"ところ"原本表示"场所",在这里却被用来表示"时间"。二者在相似性上的共同点在于它们都具有"范围"的特点。

总之,籾山洋介对隐喻的分类为我们理解这一认知现象提供了有力的理论框架。通过分析不同类型的隐喻,我们可以更好地把握语言表达中的隐喻现象,进而深入了解人类认知世界的方式。在日常生活和学习中,对隐喻的理解和运用也将对我们的思维和表达产生积极地影响。

2. 转喻理论

转喻(metonymy,「換喩」)是一种在语言表达中常见的修辞手法,它是一种较为直接且具体的映射关系。与隐喻相比,转喻中的源域和目标域更加具体,它们之间的关系也更加明确。籾山洋介对转喻进行了更深入的研究,他将转喻根据不同的邻近性划分为以下三类:基于空间邻近性的转喻、基于时间邻近性的转喻以及基于各种相关性的转喻。

首先,我们来了解一下"空间上的邻近性"。籾山洋介认为,这种转喻指的是两个事物在空间上距离较近。例如,「テーブルを片付ける」,「テーブル」原本指"家具中的桌子",这里用来表示"散落在桌子上的东西",因为"散落在桌子上的东西"与"桌子"在空间上距离很近。这种转喻使得表达更加简洁明了,同时也使得语言更加富有生动性。

其次,基于"时间上的临近性"的转喻。这种转喻则是用一个时间上接近的事物来代替另一个事物。例如,「お手洗い」原本指"洗手",

但也可以表示"上厕所"。因为"洗手"和"上厕所"两件事在时间上距离很近。这种转喻可以帮助我们更好地表达时间相近的概念,使得语言更加具有形象性。

最后,基于"各种各样的相关性"的转喻。这种转喻涵盖了多种多样的相关性,如因果关系、整体与部分的关系等。例如,"原因—结果","作者—作品","生产者—产品"等。"原因—结果"指两个事物、概念具有因果关系。例如,「口がかたい」,原本指"嘴紧紧闭着",在惯用句中表示结果——"不乱讲话、严守秘密";"作者—作品"指通过作者表示作品,或用作品表示作者。例如,「シェイクスピアを読む」,其中「シェイクスピア」原本指作者"莎士比亚",在这里表示"莎士比亚的作品";"生产者—产品"指用生产者表示产品,或用产品表示生产者。例如,「私は花王を使う」,「花王」原本指生产者"花王",这里用来表示"花王的产品"。这种转喻可以使表达更加简洁,同时也有助于突出概念之间的关系。

总之,籾山洋介对转喻的分类为我们更好地理解和运用转喻提供了有力的理论依据。通过转喻,我们可以使语言表达更加丰富、生动和形象,同时也能够突出概念之间的关系。在今后的学习和生活中,我们可以多加关注和运用转喻,以提高我们的语言表达能力。

三、日语社会语言学

(一)社会语言学的概念

社会语言学是一门跨学科研究领域,结合了语言学和社会学的理论和方法,旨在研究语言在社会中的使用和影响。该学科的主要目标在于揭示语言与社会结构之间的内在联系,探讨社会因素在语言和言语活动中的体现,以及语言运用如何受到社会的制约。社会语言学家强调,语言的社会功能是不可或缺的,因此,他们主张将语言置于社会环境中进行研究。

自20世纪四五十年代起,日本语言学界开始关注"言语生活"的研究,如方言、普通话、敬语等。日本国立国语研究所在建立的初期,以"言语生活"为研究中心,开展了对各种类型言语生活状况的调查研究。以

1949 年在福岛县白河进行的以"方言"问题为中心的语言调查为例,展示了日本学界在这一领域的积极探索。

随着 20 世纪 60 年代的到来,社会语言学应运而生。在此之前,语言学的研究主要集中在语言规律和系统方面,而忽视了语言中的变异现象。社会语言学的诞生,使得人们开始关注语言的变异现象,并逐步将社会语言学纳入研究领域。美国著名语言学家威廉·拉波夫被誉为社会语言学的奠基人,他提出的变异理论将社会环境纳入语言研究的范畴,强调从社会角度审视语言特质,并将语言活动因素纳入语言学研究之中。

拉波夫认为,要想对语言现象做出最真实的解释和描述,就需要研究一种能够反映语言特质的方法。社会语言学主要采用定量分析和定性分析相结合的研究方法,以实现对各种社会现象的深入分析和研究。

20 世纪七八十年代,日本出现了大量与社会语言学相关的研究论文和讲座。例如,1977 年东照二所著的《社会语言学入门——生きた言語のおもしろさにせまる》一书,大量融入了西方社会语言学的研究成果。此外,还有 1978 年柴天武的《社会语言学的课题》、1982 年南部二男的《言语》等著作,进一步丰富了日本社会语言学的研究领域。

总之,社会语言学作为一门跨学科的边缘学科,在日本学界的研究取得了丰硕的成果。从方言、普通话、敬语等"言语生活"的研究,到关注语言变异现象,再到运用定量分析和定性分析相结合的方法,日本学者在社会语言学领域不断拓展,为全球社会语言学的发展做出了重要贡献。

(二)社会语言学的性质和特点

社会语言学是一门以语言学为基础,充分运用社会学等相关学科的理论和方法,深入研究语言的社会属性和差异的学科。尽管其发展历程相对较短,但在近年来的研究实践中,已逐渐形成了独具特色的研究特点。

1. 综合性

社会语言学是一门跨学科的研究领域,它主要借助社会学、人类学等其他学科的理论和方法来深入观察与剖析语言现象和语言问题。要想成为一名合格的社会语言学家,不仅需要具备扎实的语言学理论知识,同时还需掌握社会学、人类学、文化学、民族学、教育学等多个领域的知识。这样,才能在社会语言学的研究中游刃有余,洞察事物的本质。

在社会语言学的研究过程中,研究者们需要努力寻找语言学与其他学科之间的最佳契合点。这是因为,社会语言学的研究对象涵盖了语言在社会中的使用、语言与文化的相互关系、语言与民族认同等多个层面。这些研究领域之间相互交叉、相互影响,单一的学科理论难以全面覆盖。因此,社会语言学家需要借鉴其他学科的理论和方法,以期在研究中实现最佳效果。

社会学、人类学等学科为社会语言学提供了丰富的研究视角和方法论。例如,社会学家关注社会结构、社会过程和社会变化,这有助于我们理解语言在社会中的地位、语言不平等现象以及语言在塑造个体和社会身份中的作用。人类学家则关注文化、习俗和传统,通过比较不同文化背景下的语言使用,我们可以更好地了解语言的文化内涵和民族特性。

此外,教育学的知识在社会语言学研究中也具有重要意义。研究者可以借助教育学理论探讨语言教育、语言政策和语言规划等方面的问题,以期提高社会语言学研究的实用性和针对性。在此基础上,研究者还可以进一步探讨语言学习与教育、课堂教学和实践应用之间的关系,为我国的语言教育事业提供理论支持和实践指导。

总之,社会语言学是一门具有较强综合性特征的学科,研究者需要在语言学、社会学、人类学、文化学、民族学、教育学等多个领域中汲取养分,寻找最佳契合点。只有这样,才能充分发挥社会语言学的综合性优势,推动我国社会语言学研究的繁荣发展。在未来的社会语言学研究中,我们期待更多跨学科的交流与合作,共同为我国的语言事业做出更大贡献。

2. 应用性

在社会发展的大背景下,各学科的实用性相较过去有了显著的提升。其中,社会语言学以其独特的研究对象和广泛的适用范围,成为一门具有突出应用性的学科。

社会语言学以社会中的活的语言为研究对象,这使得它在实用性方面具有天然的优势。语言作为社会交流的基本工具,其重要性不言而喻。社会语言学通过对语言的深入研究,为我们解决实际问题提供了有力的理论支持。

当前,社会语言学的成果已经在多个领域发挥了重要作用。在语言规划方面,社会语言学的研究成果为制定科学合理的语言政策提供了依据。在语言教育领域,社会语言学理论指导着教学实践,提高了教学质量。同时,在社会双语教育的推进过程中,社会语言学的研究成果也起到了积极的推动作用。

此外,社会语言学的应用价值还远不止于此。在商业、法律、医学、行政文书等领域,社会语言学的研究成果都有着显著的实用价值。例如,在商业领域,对语言的理解和运用能力对于谈判、沟通等环节至关重要。在法律领域,对社会语言学的掌握有助于法律文本解读,从而为法律实践提供有力支持。在医学领域,社会语言学的研究成果可以帮助医生更好地与患者沟通,提高医疗服务质量。

在行政文书领域,对社会语言学的研究可以使文书的撰写更加规范、准确,提高工作效率。在文学、美学以及哲学研究方面,社会语言学的理论也为深入探讨作品的语言特点和思想内涵提供了有力工具。

社会语言学作为一门具有突出应用性的学科,其在各个领域的实用价值不容忽视。随着社会的发展,我们可以预见,社会语言学在未来将继续发挥重要作用,为解决实际问题提供有力支持。

3. 实验性

社会语言学,是一门交叉学科,它的研究对象是语言在社会中的使用和语言现象。相较于传统的语言学研究,社会语言学更注重从社会的角度来审视和解析语言问题,因此,其在研究过程中必须依赖于一系列的社会调查方法和科学实验手段,以及现代统计学和测量技术。这使得社会语言学具有较强的实验性。

首先,社会调查法是社会语言学研究的重要工具。通过深入到社会中去,对不同群体、不同语境下的语言使用进行实地考察,研究者可以收集到第一手的、具有丰富社会背景的语言数据。这些数据是研究语言与社会关系的基础,有助于揭示语言使用的社会规律。

其次,科学实验方法在社会语言学中也占据着重要地位。通过对语言现象进行实验室观察和实证研究,研究者可以更深入地了解语言在社会互动中的作用机制,从而对语言的社会性有更全面地认识。

此外,现代统计学和测量技术在社会语言学中的应用也具有重要意义。通过对大量语言数据进行统计分析,研究者可以找出语言规律和趋势,从而对语言的社会变化和演变有更深入地理解。同时,测量技术可以帮助研究者量化语言现象,为语言政策的制定和评估提供科学依据。

总之,社会语言学在研究方法上具有较强的实验性,这使其能够更全面、深入地探讨语言与社会之间的关系。在今后的发展过程中,社会语言学需要在继续加强实验性的同时,与其他学科相互交叉和融合,以期在理论建设和实践应用上取得更大的突破。

(三)日语社会语言学的主要研究课题

社会语言学是一门研究语言在社会中的使用和影响的语言学科。它涵盖了众多研究领域,其中包括语言活动、性别差异与语言等。在当前的社会语言学研究中,这些领域尤为受到关注。

首先,语言活动是指人们在日常生活中使用某种语言进行交流的行为。这包括了听、说、读、写等多个方面。对于语言活动的研究,学者们关注的焦点在于其功能和形式、构成因素,以及社会语境对语言活动的影响等。例如,林四郎在1966年、1981年、1990年分别对日本人日常生活的具体活动进行了大量调查研究,这些研究为社会语言学领域提供了丰富的实证数据,也成为研究语言活动的重要参考。

其次,性别差异与语言也是社会语言学研究的重点。语言是社会文化的载体,而性别差异则在很大程度上影响了语言的使用和表达。研究者们试图揭示性别差异如何体现在语言活动中,以及这种差异对社会的影响。这一领域的研究不仅有助于我们更深入地理解社会语言现象,还能为性别平等和社会公正提供理论支持。

此外,社会语言学还关注其他诸多议题,如种族与语言、年龄与语言、社会阶层与语言等。这些议题共同构成了社会语言学研究的多元化格局,也体现了语言在社会中的复杂性和动态性。

总之,当前社会语言学的研究主要集中于语言活动、性别差异与语言等领域。这些研究领域相互交织,共同揭示了语言在社会中的重要作用。随着社会的发展和变化,社会语言学的研究也将不断拓展和深化,以期为社会发展和语言教育提供有益的理论支持。

四、日语文化语言学

（一）文化语言学的概念

人类文化语言学是一门新兴的交叉学科，诞生于语言学与文化人类学的交融领域。它关注的核心议题是"语言、思维、文化及其关系"，这是当前语言研究中最具活力和潜力的探索方向。语言、思维与文化的关联，亦被称为语言世界观，这是一个历史悠久的研究领域，其根源可追溯至古希腊古典时期。

自18世纪启蒙运动兴起，德国、法国、英国等国的思想家们开始对语言世界观问题展开深入探讨。他们逐渐明晰了这一问题的内涵，使其从哲学思辨的范畴上升至经验科学的领域。在这一过程中，哲学家、语言学家和人类学家们共同努力，推动了语言世界观问题的研究不断发展。

进入20世纪20年代，哲学人类学和人类语言学的崛起，进一步凸显了语言世界观问题在现代语言学和文化人类学中的核心地位。这两个领域的研究者们，通过跨学科的方法和视角，对语言世界观问题进行了深入剖析。在这个背景下，广义学术界，包括语言学家、人类学家、语言哲学家等在内的学者们，纷纷将研究焦点投向语言世界观问题，并围绕这一主题展开了持续不断的探索。这场探索的成果丰硕，影响深远。它不仅推动了理论语言学、社会语言学、心理语言学、应用语言学等学科的发展，还催生了许多相关分支学科。在研究过程中，学者们逐渐意识到语言世界观问题的复杂性和重要性，进一步揭示了语言与现实、思维、文化之间的密切联系。

时至今日，语言世界观问题的研究仍在不断拓展和深化。广大学者们继续从多学科交叉的角度，探讨语言的本质、功能和作用，以及语言在构建人类认知和世界观中的关键地位。在这个充满挑战和机遇的领域里，研究者们积极寻求新的理论突破和实践应用，以期为人类更好地理解和掌握语言提供有力支持。

语言、思维和文化的关系一直以来都是学术界关注的焦点，尤其是

第三章 日语语言理论观照

以西方为主的学者们在这一领域进行了长期而深入的研究。他们的研究成果丰硕,理论体系不断完善,为我们的认识提供了宝贵的启示。然而,由于语言、思维和文化的关系的综合性、复杂性,一些理论和实践问题依然困扰着相关学科的学者们。这些问题不仅涉及基础理论的构建,还包括实证研究的方法论,以及如何在多元文化背景下进行跨文化比较研究等。

在这样的背景下,人类文化语言学应运而生,它以跨学科的研究视角,致力于解决语言、思维和文化之间的关系问题。人类文化语言学不仅关注语言的结构、功能和演变,还将思维方式、文化价值观纳入研究范畴,从而揭示了语言、思维和文化之间的互动关系。这使得我们能够从更深层次、更全面的角度去理解和解读这一领域的一系列复杂问题。

随着研究的深入和扩展,人类文化语言学不断提出新的理论观点和研究方法,以应对不断涌现的新问题。例如,神经语言学、认知语言学、社会语言学、跨文化交际等领域的兴起,为语言、思维和文化关系的研究提供了新的理论支撑和实践路径。此外,随着全球化进程的加快,多元文化语境下的语言、思维和文化冲突与融合现象也引起了学者们的关注,这使得人类文化语言学的研究更具现实意义。

在我国,人类文化语言学的研究也取得了一系列重要成果。学者们结合我国的实际情况,探讨了汉语的语言特性、汉民族的思维模式和文化价值观。此外,我国学者还积极参与国际学术交流,借鉴国外先进理论,为我国的人类文化语言学研究提供了丰富的理论资源和实践经验。

总之,人类文化语言学作为解决语言、思维和文化关系问题的关键学科,不仅有助于我们深入理解这三个领域之间的内在联系,还能为我们解决现实中的问题提供理论依据。随着研究的不断推进,人类文化语言学将为我们解锁更多关于语言、思维和文化奥秘,推动相关学科的发展。在这一过程中,我国学者将继续发挥积极作用,为世界人类文化语言学研究做出更大的贡献。

在当代语言学领域,人类文化语言学发挥着至关重要的作用。它为语用学、话语分析、跨文化交际理论、翻译理论以及(第二)语言习得理论等活跃的分支提供了本体论和方法论资源。通过对这些分支的研究,我们可以更加全面、深入地理解语言在不同语境下的使用和意义,进而揭示语言在沟通、思维和认知中的关键地位。

研究人类文化语言学,不仅能够直接介入语言、思维和文化这一领域,而且还能高屋建瓴地推动、促进和融合当代语言学分支的研究。这门学科为我们提供了一把解锁语言、思维和文化之谜的钥匙,引领我们在探索的道路上不断前行。

人类文化语言学关注语言在世界观、文化认知和人类社会发展中的重要作用。在全球化背景下,语言不仅是沟通的工具,还是文化的载体。通过对人类文化语言学的研究,我们可以更好地理解语言在不同文化间的互动和交流,为构建和谐的全球文化交流平台奠定坚实基础。

总之,人类文化语言学是一门具有重要意义的学科,它为我们提供了洞察语言、思维和文化奥秘的途径。通过对这门学科的研究,我们可以更好地认识和理解语言在个体和社会中的作用,进一步促进国际的文化交流与合作,为构建和谐的全球社会贡献力量。

(二)日语文化语言学的主要研究课题

1. 日语语言折射日本文化

日语作为日本的官方语言,不仅是交流的工具,更是折射日本文化的一面镜子。这面镜子揭示了日本社会的方方面面,包括社会结构、物质生产形式、风俗习惯、思维方式等。日本语言学家金田一春彦在其著作《日本语新版》中,从日语词汇的角度分析了日本文化的特点。他指出,日语词汇的丰富性表现在以下几个方面:

首先,日语中有大量表达天气、季节变化的词汇。这些词汇体现了日本人对自然现象的敏锐观察和尊重。四季分明的生活环境塑造了日本人对自然美的独特欣赏,例如"樱花季""红叶季"等词汇,传达了日本人对季节变化的敏感和对自然美景的热爱。

其次,日语中富含表达地理、水情的词汇。这源于日本地理环境的多样性,包括山川、河流、海洋等自然景观。这些词汇反映了日本人对土地的热爱和对生态环境的敬畏。

再次,日语中有大量表达植物、虫、鸟及心理感情等方面内容的词汇。这些词汇揭示了日本文化中对自然生物的细致观察和关爱,同时也展现了日本人在日常生活中对情感表达的需求和关注。

此外,日语中还有许多与米、田有关的词汇。这反映了日本农业在国家经济中的重要地位,以及日本人对土地和粮食的尊重。

日语中也包含表达渔业、鱼及对人物称呼的词汇。这凸显了日本作为一个岛国对海洋资源的依赖,以及长幼尊卑的等级观念。

在日语中,区分长幼、内外及交往的词汇丰富多样。这体现了日本社会结构中的家族观念和礼仪文化,彰显了日本人对家庭、社会关系和人际交往的重视。

除了词汇,日语语法也蕴含着一定的文化意义。其中最典型的当数日语的敬语体系。古代日语中有所谓"最高敬语"专用于天皇与皇族,这是与当时的等级社会制度相适应的。现代日语的敬语体系虽已有所简化,但对敬语的恰当使用(尤其是对比自己地位高的人)仍然被视作社会人的基本素质之一,可见日本社会结构中的"等级森严"并没有随着时代的发展而完全消失。

此外,古典日语语法中有一现象,即「る」「らる」,既可表达"自发",也可表达"尊敬"。因"自然而然产生"演变出"尊敬之意",其中映射出古代日本人对大自然的敬畏及自然崇拜观念,这是日语语法反映日本文化中心理文化层次的一例。

总之,日语作为折射日本文化的一面镜子,从词汇和语法两个方面展示了日本社会的各个方面。通过这面镜子,我们可以更加全面地了解日本文化,从而加深对日本民族的理解。在学习和使用日语的过程中,了解这些文化背景知识,有助于我们更好地把握日语的语言特点,提升跨文化交流的能力。

2. 日语语言影响日本文化

日语作为日本的官方语言,不仅是沟通交流的工具,更是日本文化的载体和体现。它如同一面镜子,折射出日本文化的独特性和内涵。然而,这面镜子并非被动地反映,而是塑造和影响日本文化,有时甚至会对文化发展产生制约。

日语中几乎所有的词汇都是开音节,这意味着一个假名代表一个音节,音拍短促且鲜明。这种特点对日本传统文化产生了深远的影响,使得日本独有的诗歌形式——和歌与汉语、英语诗歌有明显的区别。和歌不强调押韵,而是依赖拍数来形成韵律,这种独特的韵律感赋予了和歌独特的艺术魅力。

在日语中，词汇的谐音往往会引发特殊的禁忌文化。例如，表示"芦苇"的「葦」，本读作「あし」，但由于其发音与表示"不好"的情况相似，因此人们转而读作「よし」。这种谐音禁忌在日语中屡见不鲜，反映出日本人对语音的敏感和敬畏。

此外，日语还具有丰富的省略现象。在很多情况下，句子甚至只说一半，仅以转折连词「が」「けど」结尾。这种省略手法在婉转拒绝对方时尤为常见，使得听话者需要细心揣摩说话者的真实意图。省略的广泛应用使得日语表达更加含蓄、委婉，同时也培养了日本人"以心传心"的文化传统。

总之，日语作为日本文化的折射镜，不仅反映了日本文化的独特性，同时也对其产生重要影响。从和歌的韵律、谐音禁忌到省略表达，日语的各个方面都渗透着日本文化的精髓，展现了日本人与生俱来的审美观和价值观。深入研究日语及其背后的文化内涵，对于我们理解日本文化具有重要意义。

3. 日本文化影响和制约日语语言

日本文化作为日本民族的灵魂，对日语的生成和发展具有至关重要的影响。这种影响贯穿于日语的语音、词汇、语法等多个层面，揭示了日本语言与文化的紧密联系。通过对比日语和汉语，我们可以更加直观地理解这种制约作用。

首先，在历史悠久的交流过程中，汉语对日语产生了重要影响。两种语言中存在大量相同的字，这些字在形式上具有相似性，但在文化背景和内涵上却存在差异。以"祭"字为例，日语中的「～祭」表示纪念、祝贺的仪式或节日，这一用法与汉语中的"祭"字相近。然而，由于两国文化背景的不同，对同一字的含义也存在差异。在日本文化中，"祭"字的联想意义是欢乐而积极的；而在汉语中，"祭"字多与"祭祀""祭奠"等追悼逝者的仪式相联系，因此，中国人对其的联想意义是悲伤而消极的。

这种文化差异在日本语言的语音、词汇、语法等方面都有所体现。日语的发音规则和音节结构受到日本文化的影响，例如日语中的五个短元音和长元音的区别，以及促音和拗音的运用。这些特点使得日语发音丰富多样，为表达细腻的情感和意境提供了可能。

第三章　日语语言理论观照

　　在词汇方面,日语中大量引入了汉语词汇,这些词汇在日本文化背景下获得了新的含义。如"茶道""武道"等,这些词汇在汉语中原本没有特定的文化内涵,但在日语中却代表了特定的文化现象。这类词汇的运用,使得日语表达更加丰富,同时也彰显了日本文化的独特魅力。

　　在语法方面,日语的句式结构和表达方式受到日本文化的影响。日语重视敬语的运用,这在很大程度上反映了日本文化中的尊敬和谦逊精神。此外,日语中的被动句、使役句等特殊句型,也是日本文化中集体主义和人际关系的一种体现。

　　总之,日本文化对日语的语音、词汇、语法等方面产生了深远的影响。这种影响使得日语成为一种富有表现力和文化内涵的语言,为世界语言家族增添了独特的魅力。在学习和使用日语的过程中,了解日本文化对日语的制约作用,有助于我们更加准确地把握日语的表达方式和内涵,增进对日本文化的理解。

第四章 日语语言的文化特征

语言是文化的载体,也是文化的传播方式,同时语言又受文化的影响,并反映出一个民族的文化特征。"以和为贵"原则、"上尊下卑"原则、"内外有别"原则等一系列的文化特征在日本人的文化观念中占据着极其重要的位置。这些原则在日本人的生活思想中由来已久,并牢牢扎根于其文化特性中,不仅对日语语言本身有着重要的影响,而且是日本文化的重要特征,对日本人行为方式的各个方面都有着重要的影响。本章就对日语语言的文化特征展开分析和探究。

第一节 语言与文化的关系

一、语言理论阐释

(一)语言的界定

语言是什么?这一直是语言研究学界探索的核心议题。这个问题的探讨不仅具有深远的意义,更对于我们理解语言的本质,以及它在人类社会中的作用有着决定性的影响。正是由于对于"语言"这一概念的界定对于诸多语言相关问题至关重要,所以我们需要深入研究这个问题,从而更好地为后续的探索打下坚实的基础。在国内外学术界,语言的概念并没有一个统一的定义。学者们各抒己见,提出了许多具有独到见解的观点。不论他们有何分歧,他们都承认,语言是我们交流、沟通的主要工具,是我们表达思想、情感的方式。语言不仅是我们人类所独有的,也是我们与动物界区分开来的重要标志。因此,语言不仅是人类社会的产物,更是人类文明发展的重要驱动力。总之,对语言的定义与理解直接影响了我们对其功能、特点、研究范围、研究目标以及研究方法的理解和掌握。因此,对"语言是什么"这一问题的深入探讨,对于语言研究学界来说至关重要。

列宁(Lenin)强调,语言是人们进行交流和沟通的主要手段。[1] 这句话深刻地揭示了语言的本质。语言不仅仅是表达思想的工具,更是人们交流思想、传递信息、建立关系的基础。无论是口头语言还是书面语言,都是人类社会不可或缺的一部分。没有语言,人类将无法进行有效地沟通,无法表达自己的想法和感受,也无法理解他人的思想和需求。因此,我们应该珍惜语言这个重要的交际工具,不断提高自己的语言表达能力,以便更好地与他人交流和沟通。

斯大林(Stalin)曾明确指出,语言作为人们相互交流和沟通的工具,承担着传递思想和促进相互理解的重要使命。通过语言,人们能够进行有效地沟通,建立和维护社会关系,并实现信息的传递和知识的传承。因此,语言在人类社会中发挥着至关重要的作用。[2]

缪勒(Muller)曾指出,动物与人类之间最大的差异与障碍在于语言方面,人类具备说话的能力,而动物则未能发展出语言表达的能力。这一观点强调了语言在区分人类与其他动物方面的核心作用。[3]

施莱赫尔(Schleicher)强调,语言是一种遵循特定规律自然形成的天然有机体,并非受人类意志所控制。他进一步指出,语言会随着时间的推移而经历衰老或消亡的过程。[4]

惠特尼教授(Whitney)强调,语言作为人类独有的文化要素,具有不可或缺的重要性。它不仅是获得知识的能力,更是人类进行交际的直接动因。这一特性使得语言在所有表达手段中独树一帜,其决定性作用在于交际。[5]

---

[1] 列宁.论民族自决权[M].北京:人民出版社,1916:822.
[2] 斯大林.马克思主义与语言学问题[M].北京:人民出版社,1953:20.
[3] Muller, Friedrich Max. Lectures on the Science of Language[A]. *The Origin of Language*[C]. Roy Harris. Bristol: Thoemmes Press, 1861: 14.
[4] Schleicher, A. Die *Darwinische Theorie und die Sprachwissenschaft*[M]. London: Hotten, 1863: 20-21.
[5] Whitney, W. D. Nature and Origin of Language[A]. *The Origin of Language*[C]. Bristol: Thoemmes Press, 1875: 291.

刘易斯教授(Lewis)则从另一个角度阐述,语言不仅仅是一种沟通方式,更是人们生活中不可或缺的重要行为方式。①

本福尼斯特教授(Benveniste)深入剖析了语言的系统性质。他指出,语言作为一个系统,其意义与功能是由结构所赋予的。正是由于语言按照编码规则有系统地组织起来,交际才能无限制地进行。②

尽管不同的学者对语言的表述方式存在差异,且在某些层面上也有所出入,但有一点是毋庸置疑的:语言作为人类所特有的属性,是我们与动物区分开来的根本标志。基于这一共识,我认为可以对语言作出如下简明扼要的定义:语言是人类进行言语交际的一种形式,它既是口头交流的载体也是文字表达的工具,更是我们认知世界并表述思想的过程和方式。

(二)语言的本质特征

语言,作为一种社会现象,不仅具有独特的性质和特点,更是人类社会不可或缺的一部分。

1. 语言是人类最重要的交际工具

语言是人类最重要的交际工具,它的产生和发展源于社会交际的需要。在人类社会中,语言扮演着至关重要的角色。无论是表达思想、传递信息,还是建立关系、沟通情感,语言都是必不可少的工具。它的出现使人类能够更好地交流和协作,推动了社会的进步和发展。

语言是社会全体成员共同使用的工具,每个人都可以通过语言来表达自己的思想、情感和需求。语言是人类思维和认知的重要载体,它反映了人类社会的文化、历史和价值观。不同语言的形成和发展,也反映了不同民族的文化特点和地域特色。

为了更好地发挥语言的作用,人们需要不断学习和掌握各种语言技能。在教育领域,语言教育占据着非常重要的地位。通过系统的语言教

---

① Lewis, M. M. *Infant Speech: a Study of the Beginnings of Lanuage*[M]. London: Kegan Paul, 1936: 5.
② Benveniste, Emile. *Problems in General Linguistics*[M]. Coral Gables: Ubiversity of Miami Press, 1966: 21.

第四章　日语语言的文化特征

育,人们可以培养良好的语言素养,提高语言表达和沟通能力。同时,语言教育也需要不断改革和创新,以适应社会发展的需要。

总之,语言是人类社会不可或缺的交际工具。它的产生和发展源于社会交际的需要,而它的作用和价值也在不断地被人们所认识和发掘。在未来的发展中,语言将继续发挥重要的作用,为人类社会的进步和发展做出更大的贡献。

2. 语言是一个音义结合的符号系统

语言是一个神奇且复杂的符号系统,它是由音和义结合而成的。语音和语义在语言中扮演着相辅相成的角色,它们彼此依赖,共同构成了语言的完整性和功能性。语音是语言的物质外壳,它赋予语言以声音的形式,使得语言能够被人们口头表达和传播。而语义则是语言符号的意义内容,它使得语言具有了传达信息和表达思想的能力。

语音和语义的结合,使得语言成为一种有效的交际工具。语音使得语言能够被人们口头表达和传播,而语义则使得语言具有了传达信息和表达思想的能力。这种结合使得人们能够通过语言进行交流和沟通,从而促进了人类社会的进步和发展。

语音和语义在语言中的关系是密不可分的。语音是语言的物质外壳,它是语言的载体,而语义则是语言符号的意义内容。语音和语义的结合使得语言成为一种有意义的符号系统,它能够被人们理解和接受,并成为人们交流和沟通的重要工具。

在语言学的研究中,语音和语义一直是被关注的重点。语音学是研究语音的学科,它主要研究语音的产生、传播和感知等问题。而语义学则是研究语言符号的意义的学科,它主要研究词语、短语和句子的意义以及它们之间的关系。通过对语音和语义的研究,我们可以更好地理解语言的本质和功能,并进一步推动语言学的发展。

总之,语言是一个由音和义结合而成的符号系统。语音和语义在语言中扮演着相辅相成的角色,它们使得语言成为一种有效的交际工具。通过对语音和语义的研究,我们可以更好地理解语言的本质和功能,并进一步推动语言学的发展。

3. 语言是一种思维活动

语言,作为人类交流的重要工具,不仅仅是表达和沟通的手段,它更是一种思维活动。语言是思维的载体和表现形式。思维的过程,无论是概念的形成、推理的进行还是判断的作出,都需要借助语言来实现。语言为思维提供了符号系统,使思维能够以概念、判断、推理等形式进行。同时,语言的结构和规则也深刻地影响着思维的方式和过程。例如,不同的语言对时间和空间的概念表达方式不同,这也会影响人们对这些概念的思维方式。

反过来,思维则是语言的本质和核心。语言之所以能够产生和发展,其背后的推动力是人类的思维。没有思维的创造力,语言也不会有如此丰富的内涵和表现形式。思维的深入和发展也推动了语言的不断演进和变革。例如,随着科学技术的不断发展,人们对于自然界的认识也在不断深化,这导致了大量新词汇和新概念的产生,推动了语言的发展和变革。

因此,语言和思维的关系是密不可分的。它们相互依存、相互影响,共同构成了人类智慧的两大基石。在教育和学习的过程中,我们不仅要注重语言的训练,更要注重思维的培养。只有这样,我们才能真正掌握语言的精髓,发挥出人类智慧的无穷潜力。

4. 语言是文化的载体

语言是人类社会中不可或缺的文化传承工具,它承载着人类历史和文化的精髓。语言不仅是人类沟通的工具,更是文化的重要组成部分,它代表着不同的文化背景和思维方式。语言的学习和使用过程,实际上就是对文化的理解和传承过程。

语言是文化的载体,不同的语言有着不同的文化内涵和表达方式。例如,中文的语境注重含蓄和意蕴,而英文则更注重逻辑和表达的清晰性。在学习不同语言的过程中,我们不仅可以了解不同的语言表达方式,更可以深入理解不同文化的特点和思维方式。

语言的学习和使用也是对文化传承的实践。通过学习语言,我们可以更好地了解和传承本民族的文化传统,同时也可以更好地理解和尊重其他民族的文化。语言是文化交流的重要桥梁,通过语言的学习和使用,我们可以更好地促进不同文化之间的交流和理解。

此外,语言也是人类创造力的源泉。语言的丰富多样性和表达方式的创新性,为人类的思维和创造力提供了广阔的空间。语言的不断发展与创新,也是人类文明进步的重要推动力。

综上所述,语言不仅是人类社会的文化传承工具,更是文化的重要组成部分。通过学习语言和使用语言,我们可以更好地理解和传承文化,促进不同文化之间的交流和理解,同时也可以激发我们的创造力和推动人类文明的进步。

5. 语言具有特殊的生理基础

生理基础是语言发展的关键要素之一。语言作为人类特有的功能,具有特殊的生理基础。大脑是语言功能的物质载体,而语言器官则是大脑中负责语言处理的区域。基因作为大脑语言器官的载体,对语言的产生和发展起着至关重要的作用。

语言器官是一个高度复杂的系统,它包括发音器官、听觉器官和语言中枢等部分。这些器官在人类进化过程中逐渐发展和完善,形成了人类特有的生物禀赋。语言器官的发育和成熟需要经过一系列复杂的生理过程,包括基因表达、蛋白质合成和神经元连接等。这些过程受到多种因素的影响,如遗传因素、环境因素和个体差异等。

大脑皮层是语言处理的核心区域,它负责语言的感知、理解和生成。大脑皮层上的语言中枢是人类特有的生物禀赋之一,它们通过复杂的神经网络与发音器官和听觉器官等其他语言器官相互连接。这些神经网络的发育和功能发挥受到基因和环境等多种因素的影响。

基因对语言的影响主要表现在对语言器官发育和功能发挥的调控上。一些基因与语言相关疾病的发病风险有关,如语言障碍、失语症等。此外,基因还影响个体的语言能力和智力等方面的差异。这些基因通过不同的机制影响语言的发展和功能发挥,进一步揭示了语言的生物学基础和个体差异的根源。

总之,语言的生理基础是一个复杂而多元的系统,它涉及多个器官、基因和环境因素等方面的相互作用。为了更好地理解语言的本质和发展,我们需要深入研究大脑的语言中枢和相关基因,同时关注环境因素和个体差异对语言的影响。只有这样,我们才能全面揭示语言的生物学基础,为语言学、神经科学和医学等领域的发展提供有力的支持。

6. 语言具有能产性或创造性

语言的另一重要特性是其能产性和创造性。语言不仅仅是一种交流工具,更是人类智慧和精神的重要载体。语言的生命在于使用,只有在交流和表达中,语言才能发挥其真正的价值。而语言的创造性则体现在不断发展和变化的语言活动中。无论是讲话还是写作,都需要使用者的再创造和发挥。

语言的创造性不仅体现在词汇和语法的运用上,更体现在语言的表达方式和思想内容的创新上。一个优秀的讲话者或作家,不仅能够准确地表达自己的思想,还能够通过独特的语言表达方式吸引听众或读者的注意力。正是这种创造性,使得语言能够不断地推陈出新,与时俱进。

语言的创造性也是推动语言发展的内在动力。随着社会的发展和人类文明的进步,语言也在不断地演变和发展。从古至今,语言经历了多次的变革和创新,才形成了今天的语言体系。而这种变革和创新,正是语言的创造性的体现。

此外,语言的创造性还体现在其对人类智慧和精神的影响上。语言不仅是人类智慧的结晶,更是人类精神的寄托。通过语言,人们可以表达自己的思想、情感和价值观,也可以传承人类的文化和历史。正是这种影响,使得语言成为人类文明的重要组成部分。

语言的能产性和创造性是语言的生命力所在。只有通过不断地创新和发展,语言才能保持其活力和价值。我们应该珍视和发挥语言的创造性,让它成为我们与世界沟通的重要工具。

综上所述,语言的本质特征是多方面的,包括交际功能、符号系统、思维活动、文化载体以及特殊的生理基础和能产性或创造性等。这些特征共同构成了语言的丰富内涵和独特魅力,使得语言成为人类社会不可或缺的重要元素。

二、语言与文化的关系解读

语言是人类社会中不可或缺的一部分,是人们交流思想、表达情感、

第四章 日语语言的文化特征

传递信息的重要工具。而文化则是人类社会中最为复杂的领域之一,涵盖了人们的生活方式、价值观、信仰、艺术、习俗、道德等多个方面。因此,语言和文化之间的关系密不可分,两者相互影响、相互作用,共同构成了人类社会的基础。

(一)语言是文化的载体

语言与文化之间的紧密联系在人类社会中表现得淋漓尽致。每一种语言都有其独特的语音、语法、词汇、语义等方面的特点,这些特点反映了该语言所代表的文化背景和历史传统。语言是人类社会交流的重要工具,它不仅承载着人类文明的信息,还反映了人类社会的价值观、信仰、习俗、生活方式等方面。因此,语言和文化是相互依存的,语言的特点和文化背景是紧密相连的。

例如,汉语中的"家庭观念"非常重要,这反映在汉语中有很多与家庭、亲情相关的词汇和表达方式。在中国文化中,家庭观念是非常重要的,家庭是社会的基本单位,亲情是人际关系中最基本的关系。因此,汉语中有许多词汇和表达方式都与家庭、亲情相关,如"父母""兄弟姐妹""家庭和睦""亲情无价"等。这些词汇和表达方式不仅反映了汉语的语言特点,也反映了汉语所代表的文化背景和历史传统。

英语中的"自由"概念也非常重要,这反映在英语中有很多与自由、独立相关的词汇和表达方式。自由是人类社会的重要价值观之一,它反映了人类对于自由、平等、民主等理念的追求。在英语中,有许多词汇和表达方式都与自由、独立相关,如"自由""自由主义""独立思考""独立自主"等。这些词汇和表达方式不仅反映了英语的语言特点,也反映了英语所代表的文化背景和历史传统。

语言和文化之间的联系还表现在语言的演变和发展过程中。语言是人类社会的一种文化现象,它的演变和发展反映了人类社会的演变和发展。例如,汉语的发展历程可以追溯到几千年前,随着时间的推移,汉语的语言特点也在不断演变和发展。在现代汉语中,有许多词汇和表达方式与古代汉语不同,这些变化反映了汉语所代表的文化背景和历史传统的变化。

语言和文化之间的联系在人类社会中表现得非常广泛和深刻。每一种语言都有其独特的语音、语法、词汇、语义等方面的特点,这些特点反映了该语言所代表的文化背景和历史传统。语言和文化是相互依存的,语言的特点和文化背景是紧密相连的。只有深入了解语言的特点和文化背景,我们才能更好地理解人类社会的演变和发展。

(二)文化是语言的制约因素

文化对语言的影响是一个复杂而深刻的话题。语言作为一种社会现象,是人们在社会交往中表达思想、情感和意愿的工具,其发展和变化受到文化背景的影响。文化是人类社会的基本特征,是人们在社会生活中形成的各种社会关系、价值观念、行为规范等方面的总和。语言是文化的产物,是人们在社会实践中创造和发展的一种符号系统,其表达方式、音素、词汇、语法等方面都反映了文化的特点和特征。

语言表达方式更加正式、规范的文化通常是指那些具有悠久历史和高度组织化的文化,如欧洲的古典文化、中国的儒家文化等。在这些文化中,语言表达方式往往需要遵循一定的规则和规范,例如语法结构的严谨、词汇的准确、用语的恰当等。例如,在英语中,名词和动词的单复数、时态、语态等都需要遵循一定的规则,否则就会被视为错误的表达方式。这些规则和规范的形成,往往与这些文化的历史、传统、价值观等因素密切相关。

语言表达方式更加随意、口语化的文化则通常是指那些具有较高灵活性和多样性的文化,例如非洲的一些文化、南美洲的一些文化等。在这些文化中,语言表达方式往往更加注重表达意思和情感,而不仅仅是遵循规则和规范。例如,在某些非洲语言中,名词通常没有单复数和性别,而是根据上下文来确定其含义。这种灵活的表达方式,往往与这些文化的传统、习惯、生活方式等因素密切相关。

文化对语言的影响还表现在语言的音素、词汇、语法结构等方面。例如,某些语言中的音素、词汇、语法结构等都是基于该语言所代表的文化背景而形成的。例如,汉语中的"马"字,其发音和形状都反映了汉语所代表的文化背景和思维方式。汉语中的"马"字,其发音类似于马的叫声,形状则类似于马的奔跑姿势,这种形式上的对应关系,反映了汉语所代表的文化观念和思维方式。

文化对语言的影响是深刻而复杂的,它涉及语言表达方式、音素、词汇、语法结构等多个方面。不同的文化背景,往往会导致不同的语言表达方式,而这种不同的语言表达方式,又反过来反映了不同的文化背景和思维方式。因此,学习语言,需要深入了解该语言所代表的文化背景,从而更好地理解和掌握该语言。

语言和文化之间也存在着相互影响、相互促进的关系。语言和文化之间的互动可以促进彼此的发展和变化。例如,随着全球化的发展,不同文化之间的交流和互动越来越多,这促进了语言之间的交流和融合。此外,语言和文化之间的互动也可以促进人们之间的理解和沟通。例如,学习外语可以让人更好地了解和理解其他文化,从而促进文化交流和理解。

语言和文化之间的关系是相互依存、相互影响、相互促进的。每一种语言都有其独特的文化背景和历史传统,而文化也会对语言的发展和变化产生影响。因此,了解语言和文化之间的关系,有助于更好地理解人类社会的发展和变化。

第二节 日语语言的文化内涵

一、日语和日本文化

在日常教学中我们常常会看到学生写出诸如「あなたは映画を見たいですか。」「先生、荷物を持ってあげましょう」等非日本式的句子。在我国的日语教学中,长期以来,听、说、读、写作为四大基本技能,一直是教学重点。这种以语言技能为主的传统教育模式,对于语言知识点的传授和学习无疑起到了积极地推动作用。然而,这种模式在很大程度上忽视了语言所依附的一整套文化体系的重要性。这就导致了学生在掌握了一定的句型和语法规则后,往往容易忽略语言的文化内涵。学生在学习日语时,往往把重点放在了词汇和语法的组合上,而忽视了语言背后的文化因素。这种现象是很正常的,因为在传统的教学模式下,学生很难有机会去深入了解和体验日本的文化。这样一来,学生在运用日语进行表达时,很可能会出现一些生硬的中文式的日语,让人感到尴尬。这种现象不仅影响了日语的学习效果,还可能对学生的跨文化交际能力造成一定的阻碍。因此,我国日语教学改革迫在眉睫。我们需要在教学中更多地关注语言文化内涵的传授,提高学生的跨文化交际能力。

在日语学习中,除了语法和词汇方面的挑战外,日语表达的模糊性也是让许多学习者感到困惑的问题。日语中人称代词的省略现象,更是让学习者感到迷茫。实际上,这种现象并非偶然,而是有其深层次的语言习惯和文化背景。例如:

お元気ですか。

おかげさまで元気です。

这组对话中没出现一个人称代词,表达的意思却是:"你好吗?""托您的福,我很好"。在探讨语言与文化关系的过程中,我们发现语言作为一种符号系统,是文化的载体,同时也反映了文化背景和社会习俗。日本人在日常交流中,经常使用一种特殊的句型,即省略了人称代词的问句,如「いいじゃない」(不好吗?)。这种表达方式虽然看起来像是疑问句,但实际上是一个否定加疑问的反义疑问句,用来表示肯定。这种句型经常让初学者感到困惑,但却是日本人非常喜欢使用的句型。

这种特殊句型的形成,一方面与日本的社会文化背景密切相关,另一方面也与日本人的思维方式有关。在日本文化中,强调对他人的尊重和谦逊,避免直接表达自己的观点和意见。因此,当询问他人是否满意或好时,为了避免直接表达自己的观点,日本人倾向于使用这种省略人称代词的句型。

从语言学的角度来看,这种句型也有一定的语言学特点。首先,这种句型是一种否定疑问句,它的结构为:"主语+动词(て形)+否定的助动词(ます形)+疑问词+否定助词(ます形)"。例如,「いいじゃない?」在这个句型中,「いい」表示否定的助动词,「じゃない」表示疑问词,「ます」表示否定助词。其次,这种句型中的省略人称代词,使得句子的表达更加简洁,同时也避免了直接表达观点和意见,体现了日本文化中的谦逊和尊重。然而这种句型也给语言学习者带来了困惑。一方面,这种句型的表达方式与一般的问句不同,需要学习者进行理解和适应。另一方面,这种句型的使用范围广泛,涉及日常交流、商务谈判、礼仪场合等多个领域,学习者需要全面掌握。

为什么会出现上述情况呢?其原因就在于缺乏对日语中所反映的日本文化的学习和了解。日语是反映着日本社会的结构和特征的语言,同时也积淀了日本民族时代迁移及与异文化接触的历史,形成了许多具

第四章 日语语言的文化特征

有独特性的语言文化。如果只是单纯地掌握日语的语言知识,却缺乏对日本文化的学习和了解,就很难顺利进行跨文化交流。因此,要想更好地学习和掌握日语,就需要加强对隐藏在语言形式、语言结构、语言运用和语言变化背后的文化内涵的学习。

日语中存在着许多反映日本文化的词语和表达方式,如「お疲れ様です」(辛苦了)、「いいえ、私は」(可是我)、「もちろん」(当然)等。这些词语和表达方式背后都蕴含着深厚的日本文化内涵,如果不深入了解这些内涵,就很难正确地理解和运用这些词语和表达方式。

此外,日语的语言结构也反映了日本文化的特点。例如,日语中的动词通常放在句子的末尾,这反映了日本文化中重视行动和结果的特点。又如,日语中的形容词通常放在名词后面,这反映了日本文化中重视细节和精细的特点。因此,在学习和掌握日语的过程中,需要对日语的语言结构和文化内涵进行深入地了解和掌握。

日语的运用也反映了日本文化的特点。例如,日语中的敬语和谦语反映了日本文化中重视尊重和谦虚的特点。又如,日语中的表达方式通常比较含蓄和委婉,这反映了日本文化中重视面子和和谐的特点。因此,在学习和掌握日语的过程中,需要对日语的运用和文化内涵进行深入地了解和掌握。

最后,日语的变化也反映了日本文化的变化。例如,日语中的语法和用词会随着时代的变迁而发生变化,这反映了日本文化中重视变革和发展的特点。因此,在学习和掌握日语的过程中,需要对日语的变化和文化内涵进行深入地了解和掌握。

综上所述,要想更好地学习和掌握日语,就应加强对隐藏在语言形式、语言结构、语言运用和语言变化背后的文化内涵的学习。只有这样,才能真正理解和掌握日语,进而更好地进行跨文化交流。

二、日语的文化特征

(一)暧昧性

暧昧性,作为日本民族文化中最明显的个性特征,既表现在日本人的传统生活态度上,也体现在他们的行为方式中。这种个性特征的形成,源于日本社会历史和文化传统的影响,特别是在与他人的交流和沟通中,日本人的暧昧性表现尤为明显。

从日本人的传统生活态度来看,他们注重和谐共处,尊重他人,尊重他人的意见和感受。在日本社会中,人际关系的建立和维护是非常重要的,因此,日本人通常会站在对方的角度考虑问题,尽量减少冲突,保持关系的顺畅。这种生活态度使得他们在日常生活中,倾向于使用一些模糊、暧昧的表达方式,以避免直接冲突,保持人际关系的和谐。

从日本人的行为方式来看,他们注重面子,尊重他人的面子。在日本社会中,面子是非常重要的,它关系到个人的尊严和地位。因此,日本人通常会在行为和言语上,尽量避免直接冲突,以维护他人的面子,保持关系的和谐。这种行为方式使得他们在日常生活中,倾向于使用一些模糊、暧昧的表达方式,以避免直接冲突,保持人际关系的和谐。

从日本人的社会心理来看,他们普遍存在着一种"和合"心理。这种心理使得他们在与他人交流和沟通时,倾向于使用一些模糊、暧昧的表达方式,以避免直接冲突,保持人际关系的和谐。"和合"心理的形成,源于日本社会历史和文化传统的影响,特别是在与他人的交流和沟通中,日本人的"和合"心理表现尤为明显。

从日本人的语言表达方式来看,他们的语言表达方式也充满了暧昧性。日语中的暧昧性,主要体现在日语中的"暧昧"一词上。这个词既可以表示一种模糊、暧昧的状态,也可以表示一种暧昧、模糊的表达方式。因此,在日本人的日常生活中,他们通常会使用一些模糊、暧昧的表达方式,以避免直接冲突,保持人际关系的和谐。

日语中的人称代词「私」「あなた」和「かれ(彼女)」虽然存在,但在实际应用中却很少使用。这是因为,在日语的语境中,第一人称"私"经常被省略,甚至在与对方交流时,或在对方的姓氏后加上"さん"。这种现象的出现,既反映了日语语言的特点,也反映了日本社会文化的背景。

其次,日语的暧昧表达还体现在句尾。在日语的句尾表达中,尽量避免使用过于明确和强硬的表达方式,而大多以委婉、暧昧、圆滑的形式出现。这种表达方式的出现,既反映了日语语言的特点,也反映了日本社会文化的背景。例如,在具体表达上,多采用省略句尾或使用「…じゃないでしょうか」「…ようです」「…と思います」「…と考えられます」等不确定的、委婉的、间接地表达方式。这种表达方式的出现,既

第四章 日语语言的文化特征

反映了日语语言的特点,也反映了日本社会文化的背景。

此外,日语的暧昧表达还体现在词汇的选择上。日语中的词汇往往具有多种含义,甚至同一词汇在不同语境下可能会有不同的含义。这种现象的出现,既反映了日语语言的特点,也反映了日本社会文化的背景。例如,日语中的「あなた」在日语中作为"老公"的代名词经常被使用。然而,如果在和日本异性交流时频繁使用「あなた」,会令对方十分尴尬。这是因为,在日语的语境中,「あなた」的含义是多重的,可能被理解为"亲爱的",也可能被理解为"丈夫"。

最后,日语的暧昧表达还体现在语法结构上。日语中的语法结构往往具有灵活性,甚至同一句话在不同的语境下可能有不同的语法结构。这种现象的出现,既反映了日语语言的特点,也反映了日本社会文化的背景。在日语中,虽然有主语和谓语的明确区分,但在实际应用中,主语的省略是常见的。这种现象的出现,既反映了日语语言的特点,也反映了日本社会文化的背景。

例如:周末小张想约小李去看电影。

张:週末、一緒に映画を見に行きませんか。

李:"そうですか、せっかくですけど、今週はちょっと…"

在小李的回答中,尽管他没有直接使用否定词「いいえ」,但通过他选择的词语和表达方式,我们可以清晰地感受到他拒绝的意味。这种表达方式揭示了日语暧昧性的一个重要方面。

日语的暧昧性主要表现在以下几个方面:首先,日语使用者在表达意思时,往往不会直接使用否定词,而是通过语气的变化、词汇的选取等方式来传达拒绝的意思。这种表达方式既避免了直接拒绝对方可能带来的尴尬,又能够准确地传达自己的态度。

其次,日语使用者在沟通交流时,相较于客观事实,更注重讲话者和听者的情感以及彼此间的人际关系。他们在表达意见时,会尽可能地尊重对方,避免对对方的请求或要求做出直接拒绝。这种尊重表现在语言上,就是使用委婉、含蓄的表达方式,如「お言葉のどおり、しかし…」「お考え方はそうですけど…」等。

此外,日语的暧昧性还体现在日本人在表达意见时,往往不会直接表达自己的看法,而是通过询问对方的意愿,让对方自己去体会其中的含义。这种表达方式既能避免冲突,又能达到自己的目的。

(二)集团性

日本文化的集团性特征是其核心价值之一,这种特征深深植根于日本社会的方方面面。在日本人的思维方式中,个体与团体之间的联系十分紧密,每个人都在维护自己所属的团体利益,这种意识被称为"集团性"。在日本人看来,家庭、朋友、公司、社会乃至国家都是一个大的团体,而他们自己就是这个团体中的一员,他们为团体的利益而努力工作,这是一种无需言表的自觉行为。

日本社会的集团性特征在其人际关系中表现得尤为明显。在日本人眼中,家庭内部的人被视为"内",而朋友则被视为"外"。相对于自己的朋友,其他人则又被视为"外"。在全球范围内,全体日本人被视为"内",而外国人则被视为"外"。这种"内外有别"的观念,是日本集团性文化的一个重要表现。

这种集团性文化在日本语言表达方式上也有着显著地体现。日本词汇「うち」就是一个很好的例子。这个词既包含了"家"和"内"的语义,又展示了浓厚的团体主义文化色彩。使用「うち」这个词的时候,说话人会表现出自谦的文化素养,以及对所属团体的自豪感。比如,当一个人说「うちの会社」(我的公司)、「うちの子供」(我的孩子)或者「うちの学校」(我的学校)时,他们其实在无意间表达了他们对团体的归属感和自豪感。

日本文化的集团性在语言上的体现,除了常见的谦辞敬语之外,还有一个显著的特点,那就是在日本人与本族群或团体之外的"圈外人"交谈时,他们往往会使用敬语。这种现象并不受交谈对象的年龄、职位或辈分的影响,即使是比自己年轻或地位较低的人,日本人也依然会保持敬语的使用。

(三)敬语

敬语,作为日语的一大特色,也是让许多日语学习者感到困扰的语言难题。与我们汉语中的敬语不同,日语的敬语并不是用来表示对方的伟大或者自己的卑微,而仅仅是一种语言习惯。这种习惯背后蕴含着丰富的文化内涵。敬语的使用,不仅在表达礼貌,更在暗示着与对方之间

第四章　日语语言的文化特征

仍存在一定的人际关系距离。

据说在日本，即使是夫妻之间如果发生争吵或关系不和，他们也可能会对对方使用敬语，以此来拉开距离，表达关系的疏远。这也充分说明了敬语在日本社会中的重要地位和特殊含义。

在日语中，敬语的使用方法相当复杂，这在世界上其他国家的语言中并不常见。日语的敬语分为尊敬语、自谦语、郑重语和美化语四大类，每一类敬语都有其独特的作用和表达方式。使用敬语，可以清晰地反映出说话人与听话人或话题中人物的关系。同样的一句话，根据不同的对象，可以有多种不同的表达方式。

这种复杂的敬语体系，使得日语在学习过程中显得更具挑战性。但同时，也体现了日本文化对礼貌和人际关系的重视，展现了日本社会严谨的礼仪规范。对于学习日语的人来说，掌握敬语的使用无疑是对日本文化理解的加深，也是与人交往的必备技能。只有在充分理解和掌握敬语的基础上，才能更好地融入日本社会，顺畅地进行沟通交流。

例如：同样说"要一杯水"，可以有如下表述。

水。

水をいっぱいくれ。

水をいっぱいちょうだい。

水をいっぱいください。

水をいっぱいくださいませんか。

水をいっぱいいただきたいんですが。

语言是人类交流的重要工具，而敬语则是日语中一种独特的语言现象。在日语中，敬语的使用并非一成不变，而是随着交际场合和时间的变化而变化。这主要是因为日本文化中强烈的"内外有别"的意识。

首先，我们来看一个典型的例子。在同一个人之间，对于"我妈妈"的称呼，在家里我们会称之为「おかあさん」，这是一种亲切且充满敬意的称呼。然而，当我们在向别人介绍时，我们会说「はは」，这是一种更为正式且尊敬的称呼。

其次，在公司环境下，当我们说"社长不在"时，如果是对内的职员交流，我们会使用敬语说「社長はいらしゃいません」。这句话表达了对社长的尊重，同时也表示了说话者的谦逊。然而，如果这是公司内部人员对外部人员说的话，那么我们会使用自谦语，表达"社长不在"的意思，即「社長はおりません。」

这种敬语表现形式的复杂性,其根本原因在于日本文化中"内外有别"的意识。在日本人看来,家庭和公司是两个完全不同的环境,因此在不同的场合使用不同的敬语是十分必要的。在家里,亲人之间的敬语表现出了亲切和关爱;而在公司,对社长和使用敬语,则体现了对权威的尊重和谦逊。

由此可见,敬语在日语中的使用是极具特色的,它不仅是一种语言表达方式,更是日本文化内涵的体现。在日本人的日常生活中,敬语的使用无疑是一种重要的交际手段,它能有效地传达说话者的敬意和谦逊,同时也彰显了日本人对"内外有别"这一文化观念的坚守。

总之,敬语在日语中的变化和使用,既是日本文化多样性的体现,也是对"内外有别"这一文化意识的深刻反映。了解这一点,对于我们更好地理解和运用日语,以及深入探讨日本文化具有重要意义。

第三节 日语中社会文化的彰显

一、日本等级森严社会制度与日语敬语的文化内涵

众所周知,日本是一个具有深厚文化底蕴的国家,其社会结构具有鲜明的特点。其中之一便是纵向型的社会结构,等级制度严谨,这种制度深入人心,长期影响着日本人的思维方式和行为规范。在这样的社会背景下,日本人在人际交往和沟通中,始终保持着高度的警惕和谨慎,严格遵循着身份地位和人际关系的规定,不敢越雷池半步。

在日本社会,人们在进行沟通交流时,首要关注的是对方的身份地位以及与自己之间的关系。只有在明确了对方的身份属性后,他们才会选择恰当的表现形式和沟通方式。这便是日本文化中的一种独特现象,即日语中的敬语。敬语作为日语的重要组成部分,是一种充满尊重和谦逊的表达方式。它体现了日本文化中"上下有别,尊卑有度"的社交原则。敬语的使用,不仅表现了说话者对听话者的尊重,也彰显了日本人在社交场合中的谨慎和礼貌。敬语的应用,根据自身与听话者、话题中的人物关系,以及不同的时间、场合,做出适时的表达。这种语言表达方式,无疑为日本社会的和谐稳定起到了重要的调节作用。在日本,人们

第四章　日语语言的文化特征

在使用敬语时,不仅要考虑到对方的身份地位,还要注意自己在社会阶层中的位置,以此确保沟通的顺畅和关系的和谐。

总之,日本社会的纵向结构和等级制度,使得敬语在日本文化中占据了重要地位。这种语言表达方式,既体现了日本人对身份地位和人际关系的尊重,也彰显了他们在社交场合的谨慎和礼貌。在深入了解日本文化的同时,我们也能从中感受到日本社会对传统价值观的坚守和传承。在日益全球化的今天,掌握敬语的使用,对于深入了解日本文化、顺畅地进行跨文化交流具有重要的意义。

语言的多样性是世界各地文化交流的基石,而具体的语言表达形式则体现在各个方面的表达,如"这儿真干净"这句话,在日语中就有多种不同的表达方式。这五种表现形式不仅体现了日语的优美和丰富,还揭示了语言之间的微妙差异。

首先,我们可以将"这儿真干净"表达为「ここはきれいです」,这是最直接且常见的一种说法。其次,我们可以用「ここはきれいになっています」,强调事物发展的过程。另外,我们还可以用「ここはきれいに保つ」,表示对干净环境的维护。再者,如果想要表达对某个地方特别干净的赞美,可以使用「ここは特にきれいです」。最后,我们可以用「ここはきれいな場所です」,突出地点的干净特点。

这五种表达方式虽然在意义上相近,但都传达了不同的情感和语境。这也说明了语言表达的丰富性和复杂性。在日常生活中,我们需要根据实际情况选择最合适的表达方式,以便更好地沟通交流。

学习不同的语言表达形式有助于我们更好地理解世界各地的文化和风俗。通过掌握多种语言表达方式,我们可以更加准确地传达自己的想法和情感。此外,在跨文化交流中,了解不同语言的表达特点和习惯,可以避免误解和沟通障碍。

总之,"这里真干净"这句话在日语中的多种表达方式,既展示了语言的多样性,也提醒我们在交流中要注意语言的细微差别。掌握多种语言表达形式,将使我们的沟通更加顺畅,增进世界各地人民之间的友谊与理解。

二、日语"内""外"文化的彰显

(一)日语"内""外"文化研究现状

在日本社会中普遍存在的内外意识。古代日本人就已经把生活场所明确区分为"内"和"外","内"是指夫妻、家族等共同生活的场所,是指以我为中心的圆形内部,包括自己及夫妻、父母、孩子等。日本传统的"家"制度在日本文化中根深蒂固。所谓"家"制度,即指超越世代而存在、经营一定家业的广义上的团体,它给予其成员以恩惠和俸禄,同时要求他为"家"效劳。日本的"家"是一个超越成员生死而存在、经营家业和家产的经营体和生活共同体,同时也是一个社会团体。

日本学界关注"内""外"文化较早,大野晋(1978)《日本語文法》中,在词法、语法和文法之外,也重点关注到日本人的人际关系,特别是内、外意识的研究。[1] 另外,将日本社会的人际关系图示化,指出在人与人交流过程中,作为陌生人会被排除在外,在人际交往,情感表达等方面,大多夹杂着内外亲疏的观念。

牧野成一(1996)在《内与外的语言文化学》中采用了一种新的人称定义方式,"ウチ(内)人称"和"ソト(外)人称"。[2] 把说话者在说话时心理上认同为自己一方("内")的人物称为"ウチ人称";把说话者在说话时心理上认同为自己之"外"的人物称为"ソト人称"。将空间的概念引入到"内""外"的概念中,并联系语言与文化,指出日本人的"内""外"空间感,平行体现到日语语法中。且在语序、语调、词性等语法上都体现出内外意识的关系。

有关日本社会的"内""外"意识,国内学者也做了一定的研究,且主要集中在日语教学方面。

肖传国(2001)在《日本人的内外意识与日语表达》中指出,日本人的"内""外"意识体现在日语中的敬语、代名词、授受动词、被动句、假

---

[1] 大野晋.日本語の文法を考える[M].岩波新書,1999.
[2] 牧野成一.ウチとソトの言語文化学[M].株式会社アルク,1996.

第四章 日语语言的文化特征

设句、副词等方面。[1]明确指出"内""外"意识对日本人的言语行为有着深刻而广泛的影响。同时指出"内、外"意识还是研究日本社会文化的一个重要的窗口。但是,文章虽然意识到了语言与文化以及其所处社会有着密切的关系,但是并没有继续分析涉及文化的部分。

赵淑玲(2001)《日本人的内外意识与集团意识》则从课堂教学中学生提出的疑问入手,对内外意识的产生、发展、变化及日本人的内外意识和集团意识的表现及此种意识产生的文化背景进行了考察分析。并指出日本人的水稻耕作文化、日本人对生活场所的认识、传统的"家族"制度、狭小的生活空间与众多的人口以及儒家"和"的精神为产生内外差异的五个主要原因。同时提出自己的建议,在日语教学活动中,应当采用语言与文化为一体的教授方式。[2]

(二)语言学方面"内外"文化的表现

1. 语义方面

日本语言中人称代词的数量之多,在其他民族中并不多见。这些人称代词的使用很有技巧,这取决于案例和说话人与对方的关系,"内的人"和"外的人"之间有特殊的心理学区别。

中文、英文和其他语言,没有区分与对方的关系的情况,它们被简单地使用。人称代词在日语中的发展可能是由于日本人对"内"和"外"之间的关系以及等级关系非常清楚,这在他们的语言中得到了体现。在日语中,第一人称代词包括「わたし」「わたくし」「あたし」「ぼく」「おれ」等。第二人称代词包括「あなた」「きみ」「おまえ」「あんた」。相应地,上述代词的复数形式对应于以下内容,第一人称代词包括「わたしたち」「わたくしども」「ぼくたち」「ぼくら」「われわれ」等,而第二人称代词包括「あなたがた」「きみたち」「きみら」「おまえたち」等。其中一些人称代词,被用来以熟悉的"内"方式对待对方。例如,在

---

[1] 肖传国.日本人的内外意识与日语表达[J].日语学习与研究,2001(03):70-73.
[2] 赵淑玲.日本人的内外意识与集团意识[J].日语学习与研究,2004(04):54-67.

第一次见面时用「おれ」「きみ」称呼日本人,会给人一种太熟悉、太亲密或不礼貌的印象。另一个人可能会生气或担心。在这种情况下,尽管「あなた」是一个有点令人尊敬的第二人称代词,但实际上它的使用频率很低,特别是在与人交往时,对上级使用它被认为是不礼貌的。例如,一个学生可能对老师说:「先生、あなたは……」被认为是不礼貌的。正如芳贺绥所说,「あなた」这个词用在男人和女人之间,比如丈夫和妻子之间,用来指从妻子那里指代丈夫。术语「あなた」不常被用来指代具有强烈自我意识的其他人。此外,尽管日语中的亲属名词不像汉语那样发达,但它们经常被用作人称代词,都是用来区分"内"和"外"的关系,所以它们的用法也很复杂。

2. 语法方面

(1)意志体

虽然日语中"想"的意思与中文"想/认为"和英文 think 相对应,但用法却不同。中文表达"想/认为"和英文表达"认为"没有人的限制,允许任何人的意愿自由表达,而日文使用「思う」是根据人的不同形式来表达一个人的意愿。这里也可以看到"内"和"外"之间鲜明的区别感。例如:

野口先生似乎生病了。

他的理想似乎很难实现。

在这个例子中,尽管"我认为"没有出现,但句末的"似乎"的表达表明这是第一人称的判断,即所谓的"我"。换句话说,由于内部和外部世界的区分意识,思想和意志的表达,如"我想",就像情感形容词一样,被限制只能在第一人称中使用。因此,主语"我"常常被省略。

(2)授受体

日语中表示授受关系的表达方式也深受日本人这种"内外意识"的影响。在日本,人与人之间馈赠礼物是十分普遍的现象,如每逢中元节,人们会习惯性地向给过自己帮助的人赠送礼物,而到了年终同样要给曾在工作上或是生活上帮助过自己的人赠送礼物。这种互相之间馈赠礼物的习惯是日常生活的重要组成部分。

在汉语中,可以表示馈赠关系的动词有"给""赋予""给予""赐给"等等,其中最经常使用的是动词"给",用法也相对简单,如"给你、给我、

我给、你给",用一个"给"字加上一定的人称代词就完全可以将意思表达得一清二楚。然而在日语中有关此类动词的表达却是相当复杂。比如,「やる」「あげる」「さしあげる」「くれる」「くださる」「もらう」「いただく」等都是表示馈赠给予的意思。因此,以汉语为母语的中国人在学习日语的时候,面对五花八门的授受动词常常感到头痛。但是,如果我们能够准确把握这种内外意识,在运用授受动词的时候首先了解物品赠送方和接收方的关系,再以内外意识为导向加以分析,相信可以正确地掌握这些复杂的授受动词的使用方法。日语授受动词的使用可以让我们直观地感受到话题中人物的亲疏关系。

可以看出,内外意识支配着日本人的言语行为,正如森田良行所说的"其实在思考日语中的诸多语法现象时,辨别这两种意识(内外意识)非常重要,夸张地说,日语中许多特有的语言现象都可以这两种意识中找到答案"。

与不同国家、民族间的人们进行交流时除了使用对方的语言,掌握扎实熟练的外语技能是不够的,还要求对其国家的社会、文化有所了解。对于国际中文教师和志愿者,在新的环境中,要想尽快地融入当地,跨越文化冲击的影响,必须了解当地特殊的文化内涵。深入地了解日本人的内外意识,是我们尽快适应当地环境,掌控课堂,与同事、学生建立良好关系的有效手段。

第五章　语言文化理论观照下日语教学的内容

在日语教学过程中，日语教师需要结合一定的语言学理论知识，同时采用科学、合理的教学策略展开教学，从而促进学生日语学习水平的提升。本章重点针对日语词汇、语法、听说、阅读、翻译、写作教学展开具体分析。

第一节　日语词汇教学

一、日语词汇教学存在的问题

（一）重点不突出，词汇缺乏分类处理

在当前的词汇教学中，许多教师对于教材中的所有词汇都采取均衡用力、同等对待的方式，过于盲目地追求词汇讲解的全面性。这种教学方法存在一定的问题，主要包括以下两个方面：首先，教师未能从词性角度准确把握重点词汇；其次，教师未能从理解和表达的角度分类处理词汇，没有明确区分认知词汇和核心词汇。

苏嘉瑞（2020）在对《义务教育教科书日语》全三册的词性考查中指出，位列前三的词性分别是名词、动词、形容词，所占比例分别为58.95%、20.14%、6.25%。由此可见，从词性角度来看，在《义务教育教科书日语》全三册中，名词、动词和形容词占据着重要地位，无疑是词汇

第五章　语言文化理论观照下日语教学的内容

教学的重点。

另外，翟东娜（2006）指出，在词汇教学领域，一般可以将词汇分为理解词汇和表达词汇两类。其中，理解词汇主要与听、读能力相关，而表达词汇则需要在理解的基础上更进一步，要求学生能够说写。换言之，理解词汇即为认知词汇，表达词汇即为核心词汇。

教师在教学中若不能把握重点词汇，以及对词汇进行区别对待，将会增加学生的记忆负担，导致教学效果不佳。因此，针对词汇教学，教师应当采取更为科学、有针对性的方法，从词性和理解表达两个角度出发，引导学生重点学习名词、动词、形容词等关键词汇，同时关注认知词汇和核心词汇的区分。这样，既能减轻学生的记忆负担，又能提高教学效果。

总之，词汇教学应当注重词性分析和词汇分类，有针对性地指导学生学习重点词汇，以提高教学质量和培养学生的语言能力。教师在教学过程中应不断探索更加合理、有效的教学方法，为提高我国外语教育水平做出贡献。

（二）教学模式机械，缺乏语境

在当前的日语教学中，词汇教学存在着一个显著的问题：教师在阅读教学之前会要求学生预习生词，然后在课堂上逐个领读单词，孤立地呈现单词的读音、词义、词性、用法。这种教学方式没有将单词融入语境中引导学生去理解，导致词汇教学与阅读活动脱节，与语篇的理解无关。

教育专家鲁畅（2014）曾指出，词汇教学不能孤立地进行，而应该结合语境来进行。我国《课程标准》中关于词汇教学的具体建议也指出，教师应引导学生在句子、语段、语境中理解和运用词语。这意味着，词汇教学应当融入句子和语篇教学中，实现词不离句，句不离篇。

然而，现阶段的词汇教学大多变成了例句呈现课。教师不断地讲解，学生不停地抄笔记。这种方式下，教师讲得越多，学生反而消化得越慢，教学效果甚微，甚至学生连词汇的最基本用法都没有掌握。在这种教学方法下，学生往往只能机械地记忆单词，而无法真正领会单词的含义和用法。这种现象的出现，主要是因为教师没有将词汇教学与实际语境相结合，导致学生在学习词汇时缺乏语境的支撑。因此，改革日语词汇教学模式,使之与阅读教学、语篇理解相结合,已成为当下日语教育界亟待解决的问题。

为了提高日语词汇教学的效果,教师应当积极探索新的教学方法,如使用多媒体教学手段,创设真实的语境,让学生在实际应用中掌握词汇。同时,教师还应引导学生积极参与课堂讨论,通过互动交流来加深对词汇的理解。此外,创设多样的实践活动,如写作、口语表达等,也能帮助学生在实际语境中运用所学词汇,提高词汇教学的效果。

总之,日语词汇教学应摒弃孤立的单词讲解,转向结合语境的教学方式。只有这样,才能真正提高学生的词汇运用能力,使他们能够在阅读、写作、口语等活动中灵活运用所学词汇。为此,教师应积极探索和实践新的教学方法,为提高我国日语教学质量贡献力量。

(三)词汇文化教学缺失

在当前的日语教学中,一个显著的现象是许多教师过于专注于单独讲解单词,而忽视了词汇的文化背景和起源。这种教学方式导致学生对日语词汇的理解仅停留在词汇表上的中文意思,而忽视了日语单词和中文单词之间文化内涵的差异。这样的教学方法并不能全面地培养学生对日语的理解和应用能力,也不能激发学生对日语学习的兴趣。

教师在教学过程中,如果仅仅局限于讲授这些单词的音、义、搭配等基本知识,而忽视了它们背后的文化内涵,那么学生对这个词的理解就很难深入到文化的层面。因此,教师在教学过程中应该注重补充相关的历史、文化背景知识,让学生在一定的文化背景下理解和记忆词汇。这样,不仅可以吸引学生的注意力,提高他们对日语学习的兴趣,还能有效帮助学生理解和掌握词汇的真正含义。

(四)评价方式死板,词汇缺乏内化

在当前的教育阶段,许多教师在评价学生词汇掌握程度时,主要依赖默写和听写这两种方式。这种评价方法过于单一,无法有效激发学生的学习积极性。这种教学模式通常为:教师在课堂上讲解完单词后,便将记忆和背诵的任务留给学生在课后完成。

以上做法导致学生在面对单词时,往往陷入了"背了就忘、忘了再

第五章　语言文化理论观照下日语教学的内容

背"的困境。他们日复一日地机械地重复抄写单词,却未能取得良好的记忆效果。更不用说在实际应用中灵活运用这些单词。长此以往,学生在面对日语词汇时会产生畏惧心理,从而挫伤他们学习日语的积极性。

事实上,这种现象不仅存在于日语学习中,在其他学科的学习中也同样存在。单一的评价方式不仅无法全面评估学生的学习成果,还可能限制他们的思维发展,使他们失去对学习的兴趣。因此,教育者们有必要反思和调整现有的评价方法,寻求更加多元化、有效的教学手段。

首先,教师可以尝试将课堂活动与词汇学习相结合,通过小组讨论、角色扮演等形式,让学生在实际语境中运用所学词汇,提高他们的学习兴趣和积极性。同时,运用信息技术手段,如在线词汇练习、词汇游戏等,丰富学生的学习资源,提高学习效果。

其次,教师应关注学生的个体差异,因材施教。针对不同学生的学习特点和需求,制定个性化的学习计划,引导他们采用适合自己的学习方法。此外,教师还需注重培养学生的自主学习能力,教会他们如何有效地进行词汇记忆和复习。

最后,教育部门应加大对教师的专业培训力度,提高他们的教育教学水平。教师在具备丰富的教学方法的同时,也能更好地引导学生,提高教学质量。

总之,改变现有的词汇评价方式,探索多元化、生动有趣的教学方法,是提高学生学习积极性的关键。通过改革教学手段,可以让学生在轻松愉快的氛围中学习词汇,提高他们的实际运用能力,从而激发他们对日语学习的热情。

二、日语词汇教学的具体策略

(一)把握重点,词汇分类处理

在进行语篇学习时,教师需要从宏观角度对所有词汇进行把控,以便为学生提供全面且系统的词汇教学。在教学过程中,教师需要从词性和理解与表达两个角度对词汇进行分类处理。根据词汇的不同特点,设定相应的认知目标。同时,要将这两种分类相互结合,明确重点词汇和评价方式,以提高教学效果。

首先，在开展词汇教学时，教师应避免盲目追求词汇讲解的全面性，而要确保重点突出、难点分散。这意味着要对词汇进行筛选、区分、删减和补充。那么，如何实现这一目标呢？利用思维导图从词性角度把握重点词汇，无疑是一种有效的教学手段。

思维导图采用文字、图片、线条和箭头等形式，可以构建出逻辑清晰的图像。它具有中心突出、主次分明的特点，便于学生记忆整理和联想发散。在词汇教学中，学生可以利用思维导图进行预习和复习。

在预习阶段，学生通过绘制思维导图，可以明确会话和课文的单词词性分类，从而锁定重点词汇。这一过程有助于学生提前了解课文结构，为深入学习做好铺垫。在复习阶段，学生可根据主题、人物或内容再现生词，查漏补缺。思维导图的运用使得复习过程更具针对性和系统性，有利于提高学习效果。

在语篇学习中，教师应从词性和理解与表达两个角度对词汇进行分类处理，明确认知目标。同时，利用思维导图把握重点词汇，实现词汇教学的全面性与针对性。通过这种方式，学生在预习和复习过程中，可以更好地掌握词汇，提高语言能力。在此基础上，结合合理的评价方式，可以有效激发学生的学习兴趣和动力，最终实现学生语言学习的全面提升。

例如，在学完八年级第 8 课的文章 Ⅱ アルキメデスの発見 P 后，我们可以通过运用 Ⅱ 王様－アルキメデス－職人 P 这一主线，结合词汇的词性进行分类复习，明确重点词汇。在此过程中，要积极引导学生开展头脑风暴，激发他们的积极参与，从而促使学生在课堂上积极发言。

思维导图作为一种高效的思维工具，已经在世界各地的教育领域得到了广泛应用。在词汇教学方面，思维导图同样发挥着重要的作用。它通过图形化的方式，帮助学生更好地理解和记忆单词，同时提高他们的学习效率。

运用思维导图进行词汇教学既有助于巩固词汇学习，又能发展学生的其他语言技能。作为教师，我们可以根据学生的实际情况，灵活运用以上方法，为他们提供更加生动、有趣的词汇学习体验。同时，学生也可以通过自主绘制思维导图，提高自己的学习效果。

第五章　语言文化理论观照下日语教学的内容

（二）丰富词汇教学模式,利用语境教词汇

词汇教学的过程是一个丰富多彩的过程,它不能孤立地进行,而应该结合具体语境来实施。为了提高词汇教学的效果,我们需要充分利用各种教学模式,开展富有实践性的词汇教学活动。例如,直观情境法、句子情境法、语篇情境法等,这些方法都能帮助学生在实际语境中理解和掌握词汇。

首先,我们来了解一下直观情境法。在词汇教学中,教师可以通过创设直观情境,输入词汇,让学生在生动的情境中动起来,积极主动地用耳朵去倾听、用眼睛去观察、用大脑去思考。这样,学生在角色体验的过程中,能够在情境与词汇的结合中产生联想和共鸣,从而有效地理解词汇和巩固词汇的学习。这种方法有助于发展学生的语言能力。

在日语的起始教学阶段,教师可以利用图片、实物、视频、肢体语言等方法进行词汇教学。例如,当讲解水果类单词时,将苹果、橘子等水果带入课堂,或者在黑板上画出简笔画,让学生直观地感受到水果的形象。

其次,句子情境法是另一种有效的词汇教学方法,即通过教授完整的句子,让学生在语境中理解和掌握词汇。这种方法有助于学生将词汇融入实际交际中,提高他们的口语表达能力。例如,在讲解日语中的礼貌用语时,教师可以结合实际场景,教授"おはようございます"（早上好）、"こんにちは"（你好）等礼貌用语的使用。

此外,语篇情境法也是词汇教学的重要手段。通过让学生阅读或听懂完整的文章或故事,他们在语境中学习和掌握词汇。这种方法有助于培养学生阅读理解和听力理解的能力,同时让他们在实际语境中运用所学词汇。在教学过程中,教师可以挑选适合学生水平的文章或故事,引导他们逐步掌握词汇。

总之,在词汇教学中,我们应该注重结合具体语境,采用多种教学方法,如直观情境法、句子情境法、语篇情境法等,让学生在丰富的语言实践中积极地学习词汇,从而提高他们的语言能力。同时,教师应根据学生的实际情况和教学需求,灵活运用各种教学手段,为词汇教学增色添彩。

(三)深入挖掘词汇,增强文化意识

语言,作为文化的载体,承载着丰富的历史和文明信息。中日两国自古以来就有着紧密的文化交流,这种交流使得两国文化之间既有相似性,也存在差异性。中日两国同属于日字文化圈,这使得两国语言之间存在着大量的同形日字词汇。然而,这部分词汇非常容易产生"母语干扰",对日语学习者来说,这是一个无法忽视的问题。

在日语词汇教学过程中,教师需要重视文化关键词汇和文化负载词汇的讲解。这些词汇是文化信息的载体,背后蕴含着丰富的历史、文化、习俗等内涵。通过深入讲解这些词汇,引导学生探究式学习和合作学习,能够帮助学生深入挖掘词汇背后的文化信息,消除"母语干扰"。

具体来说,教师可以采用以下方法进行教学。

对比分析:在教学过程中,教师可以引导学生对比中文和日文中的同形日字词汇,指出它们在意义和用法上的异同,从而帮助学生更好地理解词义。

故事讲解:教师可以运用故事的形式,让学生在了解词汇的过程中,自然地接触到相关文化背景。这样既能激发学生学习词汇的兴趣,又能帮助他们理解和记忆词汇。

情境创设:教师可以设计各种情境,让学生在实际运用中掌握词汇,并在实践中了解和感受中日文化的差异。

课外拓展:教师可以鼓励学生在课余时间阅读中日两国的文学作品、观看相关影视作品等,以拓宽视野,增加对两国文化的了解。

通过以上方法,教师不仅能帮助学生克服"母语干扰",更好地理解和掌握日语词汇,还能激发他们对中日文化的兴趣,培养学生跨文化交际的能力。在此基础上,学生的日语水平将得到全面提升,为他们今后在国际舞台上发挥积极作用奠定坚实基础。

总之,在日语词汇教学中,教师要关注文化关键词汇和文化负载词汇的讲解,引导学生深入挖掘词汇背后的文化信息,消除"母语干扰"。这样既有助于学生更好地理解词义,提高学习积极性,也能拓宽他们的视野,培养跨文化交际能力。在中日文化交流的背景下,这样的教学方法具有重要的现实意义。

第五章　语言文化理论观照下日语教学的内容

（四）采用信息技术，注重实践教学

1. 因地制宜

要根据当地的实际情况开展室外活动，以提升学生对日语学习的兴趣。带领学生走进大山，感受自然环境中的事物，结合当地的实际情况为学生词汇的学习创造条件。调动学生学习积极性，利用其熟悉的环境与事物提升词汇记忆能力，同时促使其核心素养的提升。例如，在学习与农场相关的单词时，可以带领学生走进农场，亲眼观察农场中的事物。教师利用学生眼前所见内容进行引导，例如提问农场中都有什么？通过学生的回答，教师加以改正，最终实现对日语词汇的教学，帮助学生加深对词汇的印象，并提升学生的核心素养。

2. 运用信息技术

信息技术的运用发挥了重要的作用，尤其在教学领域中的作用极为突出。在传统教学中，在学习日语词汇时往往需要同时记忆其日语词汇，给学习带来双倍压力。而利用信息技术，能够将日语词汇所对应日语意思利用图片的形式展现出来，帮助学生以更加直观的形式理解日语词汇，让词汇的学习变得更加简单，更加生动。当学生对词汇的记忆与理解越来越快速，越来越熟练时，自信心也能够随之增强，日语思维也能够随之得到锻炼与培养。

3. 运用游戏展开教学

当一切教学活动与游戏结合起来，都会吸引学生的注意力，使其完全沉浸其中。因此，在日语词汇教学过程中，要利用游戏的方式吸引学生兴趣，激发其学习欲望，提升教学质量。所谓兴趣是最好的老师，只有让学生在学习中感受到快乐，才能促使其主动进入到学习状态中。结合日语词汇展开游戏，在游戏中进行相关教学活动，在游戏中不断学习新的知识，并将新知识与旧知识结合在一起，内化旧知识的同时也会加深对新知识的理解程度。

4.发挥交际活动的作用

如何提高教学质量成为日语词汇教学的主要难点,而发挥交际活动的作用,可以快速达到这一目标,确保教学的有效性。实际教学过程中,教师若想显著提升学生日语能力,实现深度学习,应从听、说、读、写四个方面培养学生。基于此,应在日语词汇教学过程中,将交际活动的作用充分体现出来,改变课堂教学氛围,拉近师生之间的距离,学生可以主动向教师阐述日语词汇学习中存在的问题,教师要及时调整教学方案,这样有助于教学工作顺利进行,提高教学效果,教师可以在规定时间内完成教学任务。

另外,教师还应适当调整教学方法,避免学生抵触日语学习,或者产生较大的学习压力。在日语教学过程中,交际活动是伴随着情感交流所进行的。通过积极的情感交流能够提升学生的学习兴趣与爱好,培养学生的自信心,增强学生的创新意识与合作精神,在交流过程中要让每一名学生都参与其中。教师在布置活动任务后要及时针对性格内向、不善交际的学生提供适当的帮助和指导,缓解学生的焦虑情绪。可以将不同性格、不同学习基础的学生分为一组,形成互帮互助的组内带动作用,让学生有更加广阔的交流空间。

第二节 日语语法教学

一、日语语法教学存在的问题

(一)教材与实际需求不符

当前市场上的日语教材较多,但部分教材的内容与实际需求存在较大差距。一方面,教材中的知识点过于陈旧,无法满足快速发展的社会需求;另一方面,部分教材过于简单,难以满足高级别学习者的需求。

第五章　语言文化理论观照下日语教学的内容

因此,教材的更新换代以及针对不同层次学习者的需求显得尤为重要。

(二)教学方法单一

传统的日语语法教学往往采用教师讲解、学生模仿的方式,这种方法过于单一,容易导致学习者对日语语法产生厌烦情绪。随着教育技术的发展,多媒体教学、在线学习等多元化教学手段逐渐融入日语语法教学,但仍有部分教师未能充分运用这些手段。

(三)实践机会不足

日语语法教学过程中,实践环节往往受到忽视。许多学习者在课堂上学到的知识无法在实际生活中得到应用,导致所学知识逐渐遗忘。因此,日语语法教学应注重理论与实践相结合,提高学习者的实际应用能力。

(四)考核评价体系不完善

当前的日语语法考核评价体系主要以考试成绩为主,对学习者的实际应用能力评估不足。此外,部分教师过于注重语法知识的传授,而忽视了对学习者语言表达能力的培养。因此,完善考核评价体系,注重学习者实际应用能力的培养成为当务之急。

(五)教师素质参差不齐

日语教师队伍中,部分教师具备丰富的教学经验和高水平的日语能力,但仍有一部分教师在专业知识、教学方法等方面存在不足。提高教师队伍的整体素质,对日语语法教学的改进具有重要意义。

(六)学习资源分布不均

在我国,日语教育资源主要集中在大城市和高校,基层地区的日语教育资源相对匮乏。这种现象导致部分学习者无法获得优质的教学资源,影响了日语语法教学的普及与发展。因此,优化日语教育资源分配,扩大优质资源的覆盖范围是亟待解决的问题。

综上所述,日语语法教学在教材、教学方法、实践机会、考核评价体系、教师素质以及学习资源等方面存在一定问题。为了提高日语语法教学的质量,有必要针对这些问题进行深入研究和改进。

二、日语语法教学的具体策略

(一)设计教学游戏,激发学习兴趣

在日语语法教学活动中,设计教学游戏是激发学生学习兴趣、培养学生学科爱好、集中学生注意力的有效策略之一。兴趣是最好的老师,在教学过程中,教师应以兴趣培养为主,在学生情绪饱满的状态下渗透语法知识。

设计教学游戏可以从课前情境导入、课堂巩固记忆和课后开放式游戏三方面入手。教师可以在讲课前根据课堂教学内容情境创设简单易操作的小游戏,如:趣味问答、谜语等,既不占用大量时间,又能快速将话题引入学习内容中。教师可以在课堂上插入知识巩固游戏,在讲解过相关学习内容后进入游戏环节,利用游戏规则让学生集中精神聆听他人重复本课句式、语法词汇或自己反复朗读。学生通过游戏重复强调本课重点内容,可以形成牢固的记忆点。在游戏情境中,学生的情绪较为积极,记忆速度、学习效率均会有所提升。就课后开放式游戏来说,教师可以将课堂上的游戏延续到课下,请同学们稍微改变游戏规则,不限制游戏人数,让同学们在课余时间积极参与日语游戏,在游戏中巩固知识。

(二)利用信息技术,深化知识理解

在日语语法教学活动中,利用信息技术辅助课堂,是深化学生对知识的理解、丰富课堂体验的有效策略之一。利用信息技术深化知识理解,可以从制作微课视频、播放精美课件、图片创设情境、音乐营造氛围等方面入手。

就制作微课视频来说,教师可以在课前准备微课视频,利用视频简

洁凝练的语言搭配和谐的动画,深化学生对单一知识点的理解,达到辅助课堂教学、深化学生学习体会的教育目的。就播放精美课件来说,教师可以利用课件的讲解进度推进课堂进程、把握教学环节。就图片创设情境来说,教师可以在讲解的同时在屏幕上播放相关插图,辅助学生理解。就音乐营造氛围来说,教师可以寻找与课堂内容相关的乐曲或背景音乐,带领学生进行音乐歌唱活动。

第三节 日语听说教学

一、日语听说教学存在的问题

(一)日语听力教学存在的问题

1. 对听力教学重视不够,课时及学分较少

在我国众多高校中,日语专业的听力课程设置存在一定问题。相较于其他主干课程,如精读、会话等,日语听力课程的课时和学分明显不足。听力课程具有较强的实践性,学生需要通过大量练习来提高听力能力。然而,课时的严重不足使得学生们的听力水平难以得到有效提升。

由于课时有限,教师只能在宝贵的课堂时间内完成教材基本内容的教学,而无暇进行大量练习。尽管教师会在课后要求学生进行自主练习,但受到其他主干课程学习任务繁重、作业较多的影响,学生们很难抽出足够的时间进行听力练习。此外,由于课时设置少、学分低,容易让学生产生听力课程不如其他主干课程重要的误解,进而导致学生对听力学习的重视程度不够。

2. 听力教材单一,内容枯燥,不符合实际需求

如今,市面上的日语听力教材琳琅满目,多媒体听力资源也相当丰

富。然而,部分听力教材存在以下问题:内容陈旧、题型单一,让学生感到乏味,难以激发学习兴趣;与精读等主干课程脱节,导致学生在面对听力材料中出现的未学单词或语法时感到困惑,学习效果不尽如人意;过分侧重应试,无法全面提升学生的听力素质。

3. 教学方法陈旧欠科学

在当前的教育环境下,我国的日语听力教学课堂普遍存在一个问题,那就是教师主导课堂,学生处于被动接受知识的状态。这种"老师讲、学生听"的被动学习模式,使得课堂氛围显得单调乏味,缺乏师生之间的互动,也无法激发学生的主动学习热情。长此以往,学生的学习积极性与热情难以被调动,从而导致学习效果不尽如人意。

在教学方法上,许多教师倾向于对难度较高的单词和语法进行讲解,然后让学生通过反复听光盘、做教材上的题目来进行学习。然而,这种教学方式并不能真正提高学生的听力水平。因为当教材内容以另一种形式呈现,或者语速、环境发生变化时,学生可能会依然听不懂。这充分说明,我们急需对现有的教学模式进行改革。

尽管有许多教师已经意识到课时不足等问题导致了学生听力水平提高缓慢,开始有意识地鼓励学生在课外自主学习,但在如何引导学生进行有效的课外听力自主学习方面,目前尚无成熟的教学体系和规范操作。因此,如何在有限的教学时间内,活用教材内容,提高课堂效率,成为我们亟待解决的问题。改革日语听力教学模式,采用科学的教学方法,是提高学生听力水平的有效途径。我们应当在教学中不断探索和创新,为学生的日语听力学习提供更有针对性和实效性的教学策略。

(二)日语口语教学存在的问题

1. 教学理念落后

全球一体化趋势的不断加强,使得世界各地的交流变得越来越频繁。在这个过程中,日语学习的目标也逐渐发生了转变。过去,学习日语主要是为了提升专业技能,而现在,更多的人希望通过学习日语来全

第五章 语言文化理论观照下日语教学的内容

面提升自己的综合素养。其中包括对日本经济、文化、教育等多个领域知识的深入了解，以便在国际舞台上更好地施展才华。

在这个基础上，人们越来越注重日语口语能力的提升。这不仅仅指简单地掌握日语单词和语法，而是要学会在不同场景下进行恰当的交流。换句话说，学习日语的目标已经从单纯的技能提升转向了多元化的可能性。

然而，当前的日语教学模式在一定程度上与时代发展的快速步伐脱节。教学内容过于依赖教材，未能对日语知识的实际应用进行深入拓展。这种教学理念与信息化时代背景下成长起来的学生需求不符，可能会削弱他们的学习热情，从而影响日语教学质量和口语能力的提升。

2. 教学模式落后

在日语教学中，口语能力的提升是一个复杂的过程，需要建立在多个基础之上。首先，良好的发音至关重要，这是因为发音准确与否直接影响到信息的传递和理解的准确性。其次，词汇和语法的正确运用也是必不可少的，它们是语言表达的工具，只有掌握了它们，才能清晰、准确地表达自己的想法。这些基础知识的掌握是一个循序渐进的积累过程。例如，在口语发音方面，日语与日语相似，不同的词汇发音各异，而且发音方法及其所起到的表达作用也不尽相同。这对于非母语学习者来说，无疑会增加学习的难度和压力。因此，教师需要采取有效的教学手段，帮助学生克服困难，提升学习热情。然而，目前的日语教学模式存在一些问题。首先，课程设计过于陈旧，缺乏新颖性。其次，教学过程中，教师与学生之间、学生与学生之间的互动不足，这使得学生缺乏思考和实践的平台。再者，口语表达的应用实践机会较少，导致学生无法充分锻炼口语能力。更进一步看，专业术语和名词的应用技巧教学不够深入，与相关专业知识脱节，无法形成合力。这种情况意味着，对于学生的核心素养培养，无法达到预期的目标。

3. 评价手段落后

口语能力的培养与提升，是日语专业教学中的重要环节。这不仅需要教师在教学过程中不断总结经验、调整方法，同时也离不开对学生口语能力的全面、深入评价。然而,现行的高校日语专业教学评价体系,无论是在评价体系、评价方式,还是评价内容上,都存在一定的滞后性、片面性。这种现象使得评价结果无法为教学模式的改革和教学质量的提升提供有效参考。

首先,从评价体系上看,现行的评价方式过于注重对学生口语表达的单一评价,而忽视了对学生口语理解、口语策略等方面的全面评价。这种片面性使得教学评价结果难以全面反映学生的口语能力,也无法为教师提供全面的教学反馈。

其次,从评价方式上看,现行的评价方式多为教师主观评价,缺乏客观性。这不仅可能导致评价结果的不公正,还可能使得学生在口语学习过程中产生依赖心理,忽视自身口语能力的提升。

最后,从评价内容上看,现行的评价内容多为既定话题的讨论,较少涉及对学生实际生活、工作场景中的口语能力的评价。这种评价内容的局限性,使得教学评价难以真正反映学生在实际场景中的口语能力。

二、日语听说教学的具体策略

(一)日语听力教学的策略

1. 利用听说教学,实现听说训练的整体性

在日语听说课教学中,学生听、说能力的培养过程中,教师要把握听、说的特点、规律,以点带面。听力是听说学习中重要的一个环节,对于日语听说学习的指导意义也非常大。学生在进行听力训练时如果只注重听力训练的结果,而忽略了语言的学习过程和规律等其他方面,就可能会导致学生对语言的认知与理解上出现偏差。对于学生而言,其听的能力是在一定背景下建立起来的,而不是说出来就能得到提高。

教师在进行听说教学时应该把学生当作一个整体来看待,在听力教学中,可以将一些语言点与学生的生活经验联系起来,从而提高学生听、说能力;可以通过不同文体的语言来提高学生对不同文体语言特点

第五章 语言文化理论观照下日语教学的内容

和表达方式的了解;同时也可以采用游戏等方式提高学生的学习兴趣以及学习效果;还可以通过一些生活中的常用单词、句子以及各种句子之间的联系来帮助学生更好地掌握一些日语词汇、语法知识等等。总之,要想实现良好的日语听说教学效果,就必须对听与说能力进行整体性训练。

2. 建立有效评价体系,让听与说相互促进

在日语听说教学中,教师要重视学生听与说的相互促进作用,并且要对学生进行评价。由于学生的听说水平参差不齐,在具体测评时也不能统一进行。例如,当教师在上完一节课后对学生的表达能力和学习态度等方面进行评价时,教师可以将这些内容分为三个部分:第一部分是语言知识类问题(重点检查学生对词义、句型、时态和句型的掌握情况);第二部分是语言技能类问题(检查学生单词拼写、语法和句型等方面的情况);第三部分是思维品质类问题(主要检查学生对于文章内容的理解、分析和判断方面)。

在听说训练结束后,教师需要组织一次课堂检测,通过一些有针对性的练习,对各个部分的测试进行综合评价。此外,教师还需要为学生提供机会,让他们在课下与其他班同学互动交流。同时还可以对学生提出一些日语学习方面的问题或建议,从而提高他们听与说的能力。

3. 重视提升日语教师高水平语言综合运用能力

大多数日语教师的母语并不是日语,而且很少有机会与以日语为母语的人交流,所以他们的语言表达并不真实。因此,他们不能完美地在课堂交际活动中发挥指导作用,也不能为学生创造良好的口头交流情境。目前,一些日语教师在口语方面存在发音带有地方口音、语音语调不纯正等问题;课堂语言僵化、不自然,不符合日语交际的习惯。为了提高语言沟通能力,教师应积极参加各类培训,同时注意平时的听说练习,模仿标准音频的发音,纠正自己存在的缺点。通过必要的口语培训,教师能够改善口语水平,使用更灵活的日语课堂语言,提高课堂上的口语氛围。此外,教师在加强日语口语能力后,还需要提高自己的语言丰富性和美感,营造活跃的课堂氛围。语言的美要求教师在教学中掌握发

音和语调并努力使语言更有节奏。此外,也要加强对教师的个人修养的培养。对于学生在听力中遇到的困难和问题,教师要能够认真分析,不要把结果当作一切,迫切要成绩,盲目批评学生。相反,教师要善于提出建设性的意见或解决办法,及时鼓励学生,激发学生对听力的热情,克服他们害怕困难的心理,减少心理障碍。

4. 创设情境,让学生对所学内容有兴趣

对语言知识的学习与应用过程,是一种在学生头脑中形成知识表象的学习过程。所以,学生的学习兴趣、好奇心和求知欲也是教师创设情境进行教学设计的重要因素。在日语听说课的课堂上可以引入情境元素,教师可以通过播放一段歌曲、一个小故事或者是一段文字等方式,让学生在课堂上与同伴进行交流。这样不仅可以让学生能够在一定程度上了解日语国家的文化,还能进一步激发学生对日语学习的信心和好奇心。另外,教师在使用创设情境元素时,还要注意把握创设情境元素与教材内容之间的关系。

(二)日语口语教学的策略

1. 课堂教学

模仿、背诵和积累是语言习得的有效途径,因此,口语教学就要从这三方面加强语言的基础性训练。

(1)模仿

社会认知理论认为,观察、模仿、自我控制和自我调节是学习者将教师传授的语言知识和技能内化吸收为自身能力必然要经历的四个阶段。其中,观察和模仿是基础阶段,也是重要环节。在日语口语教学中,模仿包括两个方面的内容:语音和语调。学习者既要能对每个元音和辅音准确发音,又要语调正确。模仿时要态度端正,大大方方,口型到位,语调准确,清清楚楚;不能畏首畏尾,扭扭捏捏。模仿的初期不必急于快速表达,在保证语音正确的前提下,速度可以慢一些,直到语速正常为止。学习者要以模仿单词的语音为第一步,其次模仿词组的读法,进而

第五章　语言文化理论观照下日语教学的内容

是句子的语调,最后才是段落以及篇章的模仿,只有循序渐进才能取得理想的效果。

学习者在进行模仿时要注意以下三点:

①大声模仿。大声模仿能够充分调动口腔内的肌肉,形成日语发音的运动模式。

②有意识地模仿。学习者在模仿时要有目的性,用心揣摩、体会,随时纠正自身不正确的发音。

③长期模仿。纯正优美的语音、语调的形成不是一蹴而就的,要经过长期的模仿才能达到。

(2)背诵

背诵是提高日语口语表达能力的有效方法。学习者通过背诵在巩固日语基础知识的同时,还可以增强自身的语感。但是,背诵的内容应该根据自身的能力而定。如果自身的能力偏低,那么就背诵一些重点的单词或词组;如果自己的能力中等,那么可以背诵一些重点的句子或者段落;如果自己的能力比较高,那么就选择一些重点的对话或者课文来背诵。

背诵不是死记硬背,而是在理解的基础上有效记忆。除恰当评估自身能力外,掌握科学的背诵方法也十分关键。

①树立正确的背诵观念。简单机械地背诵只会耗时耗力,容易产生厌烦的情绪,打消学习积极性。在理解的基础上进行通过联想等多种趣味方法背诵能有效提高学习效率。

②扫除语音障碍。在背诵之前,学习者应将背诵材料中的生词或不确定的发音通过教师朗读或听录音的方式确定下来,同时还要注意语调和节奏感。

③以关键词为线索。学习者在背诵时不应以整个语篇为背诵单位,而应将语篇拆分为段落,段落拆分为句子,句子拆分为短语。在背诵时以关键词为单位保证句子的通顺和句义的完整。

总之,背诵是语言输入的有效途径。长时间坚持背诵,可以增强语感,大大提高口语表达能力。

(3)积累

在日语口语学习中,学习者应该在平时经常观察和积累说日语的国家的人们常用的表达方式和表达习惯。这些素材有时在口语教材中是找不到的。此外,学习者还应该多阅读一些名人的文章、报纸、期刊等,对一些优美的句子、短文进行记录,有时候甚至可以背诵下来。

2. 课后监督

由于日语口语交际的延展性,课后监督显得尤为重要。下面就介绍两种常见的课后监督策略。[①]

(1)录音跟踪

录音跟踪是对学习者的课后练习进行强化和监督的一种形式。具体应用是学习者在课后以两人或三人一组的形式进行朗读或对话练习,并对练习过程进行录音,在下一堂课之前交给助教进行评估。为保证录音跟踪的有效性,学习者要将录音的时间保持在半小时以上,不仅包括各组员的朗读,还要包括各组员间的日语对话交流。助教以反馈表的形式展示录音结果,在准确性、流利性、词汇量、主动性等方面做出评价。

(2)口语测试

口语测试的形式通常是学习者两人组成小组进行对话,教师依据其各自在语法、表达、发音等方面的表现做出评价。口语测试的内容多种多样,可以是辩论、角色扮演、看图讲故事等形式,在检验学习者口语学习情况的同时,激发其口语表达的动力。

第四节 日语阅读教学

一、日语阅读教学存在的问题

(一)传统的日语阅读教学模式

在我国,传统的日语阅读教学主要侧重于词汇、语法和阅读理解能力的培养。课堂上,教师通常会选取一些适合学生水平的文章进行讲解,注重生词、语法点的解析,以及文章意义的理解。然而,这种教学

[①] 罗毅,蔡慧萍.日语课堂教学策略与研究方法[M].武日:华中科技大学出版社,2011:91.

第五章　语言文化理论观照下日语教学的内容

模式往往过于注重知识的传授,忽视了学生的兴趣和实际应用能力的培养。

（二）缺乏泛读训练

在传统的日语阅读教学中,学生的阅读材料多为课内教材,内容相对单一。这导致学生在面对多样化的实际应用场景时,难以快速适应和准确理解。此外,缺乏泛读训练也使得学生在阅读速度和词汇量方面存在一定的局限。

（三）跨文化交际能力的培养不足

在日语阅读教学中,往往忽视了对日本文化、社会背景等方面的介绍。这使得学生在实际应用中,难以准确把握日语表达和跨文化交际的技巧,从而影响了他们的沟通效果。

（四）教学方法的创新不足

近年来,尽管多媒体、网络等现代化教学手段在日语教学中得到了一定程度的应用,但其在阅读教学中的运用仍相对较少。这使得课堂教学仍较为单一,难以激发学生的学习兴趣和积极性。

二、日语阅读教学的具体策略

（一）翻转课堂日语阅读教学

翻转课堂在英文中是"Flipped Classroom"或"Inverted Classroom",翻译成中文是"反转课堂"或"颠倒课堂",这种新型的教学模式是随着互联网及信息技术的发展而产生的。翻转课堂不同于传统课堂,它的模式为学生课前在家观看微视频和相关资源,完成课前自主学习任务,从而学习单元课时的知识点,课堂是师生之间合作交流、答疑解惑的平台,它能够提高学生知识内化效果,提升知识灵活运用的能力,极大地推动了教学效果!

1.利用数字化教学资源,实现信息化教学与常规教学的融合互鉴

为深入实施教育数字化战略行动,国家以及社会层面都推出了很多精品化的中小学共享课程。教师可以将这些数字化教学资源利用起来,发掘其优势价值,给常规教学增势添利。这既迎合教育信息化的要求,也是给常规教学锦上添花。

2.结合多种学习方式,循序渐进提升学生的阅读理解能力

在课前自主学习过程中,学生通过观看教学视频以及完成活动单达成整体理解阅读文章的目标,为课中阶段通过合作学习来完成任务,深入理解文章打下良好基础。课后的交互学习则是通过读写结合的方式再次进行阅读理解能力强化训练。这种分阶段的不同学习方式一方面能比较好地激发学生的学习动机,另一方面也能通过不同阶段的任务活动从不同角度锻炼学生的主旨概括能力、词义猜测能力、推理判断能力以及细节提取能力,实现细化训练和综合训练的结合,达到循序渐进提升学生阅读理解能力的目的。

3.听取反馈意见,优化任务设置和提升学生的阅读动机

任务型教学当中,任务的设计是关键。教师除了要深入分析教材和学情,进行合理的教学设计,遵循基本的任务型教学原则之外,还要注意任务型教学是强调以学习者为中心的,所以听取学生的意见很重要。课后的教学评价意见还给了学生话语权,学生所提供的有价值的意见既能让教师完善教学环节,优化任务设置,又能让"学生的声音"被听到,这对他们的阅读动机也是极大的鼓舞。

(二)主题式日语阅读教学模式

主题式教学模式有其自身的优势,但同时也存在一些不足,需要在不断地实践过程中进行完善和发展。针对主题式教学模式应用于中国

第五章　语言文化理论观照下日语教学的内容

文化教学方面的局限性,结合教学反思,下面分别从教师的角度和教学的角度提出了有效性建议,希望能对今后的对外日语教学提供些许帮助。

1. 教师方面

从教师的角度来说,在主题式教学的过程中,有些课堂活动环节时间和进度不易把握,这就对教师的教学能力提出要求。教师需要对课堂有较强的掌控力,每个活动的时间不宜过长,在确保学生能够玩得尽兴的同时也要保证日语课堂能够按计划进行,对于学生十分喜欢一些活动而课堂时长又不够的情况,可以鼓励学生课下去完成。

有时由于教师的语速较快而学生对日语的掌握不够,学生们并不能及时跟上教师的进度,教师可以在课前结合主题内容进行有针对性的日文知识储备,在学生无法理解较为复杂的日语时替换成简单的日语,并用日文将复杂释义再解释给学生,便于学生掌握,还可以在课堂上多使用肢体、面部表情等语言表达,让学生更直观地了解教师表达的含义,或者由了解该词的学生向其他同学解释词义,既克服了师生间交际的障碍,又锻炼了学生的日语理解能力。同时,教师也要努力提升自身的文化知识能力,这样才能有条不紊地开展主题式文化教学工作,以应对学生提出的各种各样的问题,教师如果含糊不清地解答,会使学生更加困扰,从而打击他们的日语学习积极性。中国文化的学习不仅仅是文化知识和文化技能的教学,更是文化观念的传递,因此教师在进行中国传统文化的主题式教学时,例如生肖文化,应充分查阅资料,在了解中日之间的生肖和星座差异之后选取最具代表性的部分进行对比分析,在差异的基础上进行对比教学。

2. 教学方面

从教学的角度来说,主题式教学的课程内容与课堂管理也不容忽视。一方面是主题式文化教学要控制好语言点的数量,并注意语言和文化知识的操练与应用程度。教师在进行主题式文化教学设计时,不宜设计太多的新知识点,在日语课堂中,每节课能够教授的内容十分有限,因此教师在日语课堂中要注重教学目标的完成度,根据知识点的重要性进行不同程度的讲解和练习,对于主题式教学中的重要部分精讲多练,而对于相对次要甚至是扩展部分的内容让学生了解即可,平衡语言训练与教学活动的关系,减轻学生的日语学习负担。同时,教师在文化教学的过程中也要注重加强学生听写能力的训练,充分考虑并适当设计一些能够提高学生听力和书写方面能力的主题活动,培养学生成为听说读写全方面发展的人才。

另一方面是教师在进行主题课堂活动时,对于活动的时间也应该控制得当,确保能够在课时内完成,避免因在某一环节的时间上停留太久导致课堂时间内完成不了整体的教学计划。这就要求教师能够全面地掌控课堂,建立明确的课堂规范和严格的奖惩制度,确保教学活动的顺利进行。

在主题式课堂管理过程中,教师在给学生充分空间进行发挥的同时,也要控制好课堂秩序。另外,重视文化体验与教学内容的关联,注重针对性、实际性与趣味性的结合,也是日语教学中不可缺少的一部分。教师在教学过程中可以通过对比不同文化之间的差异让学生切身感受到跨文化学习的重要性,多思考、多讨论,在不同文化的相互碰撞中加深对主题课程内容的学习。

第五节　日语翻译教学

一、日语翻译教学存在的问题

(一)以教材为中心的教学内容老化

在我国,日语翻译教材的数量繁多,形式各异,然而,若仔细审视这些教材的内容,便会发现它们大同小异,缺乏创新,重复性极高。这种现象引发了我国日语教育学者的高度关注,近年来,他们纷纷投入到日语翻译教材的改革之中,力图推进教材的创新与更新。

现有的日语翻译教材普遍存在内容陈旧、例句过时、缺乏实践价值等问题。这些教材不仅无法满足社会发展的需求,也无法实现日语人才

第五章　语言文化理论观照下日语教学的内容

培养的目标。在实际教学过程中,教师们普遍发现,学生对这类教材反应冷淡,他们认为教材内容过于高深,例句生硬、缺乏时代感,因此产生了抵触情绪,丧失了学习热情。这种情况导致课堂教学进度缓慢,效率低下。

(二)教学手段过于单一,翻译课程课时不足

随着信息技术的迅猛发展,我们正处于一个充满变革的时代。互联网+、云计算、慕课等新兴事物层出不穷,对传统的大学教育模式带来了极大的冲击。为了跟上时代步伐,满足学生的求知欲,我国大学教育必须与时俱进,创新思路。在过去,传统的"填鸭式"教学模式一直受到诟病。在这种模式下,教师主导课堂,学生被动接受知识。如今,这种教学方式已经不适应时代的发展。以日语翻译课程为例,如果教师依然以单词、语法、例句分析为主,那么学生进行听、说、会话、翻译实践练习的时间就会大大减少。长此以往,学生的语言实践能力无法得到有效提升。

此外,在当前的高校日语翻译教学中,一个显著的问题是课程时间的不足。无论是日语口译还是日语笔译,大部分高校每周仅安排一次课程(时长为 90 分钟)。这对于需要大量实践练习的日语翻译课程来说,显然是远远不够的。

首先,我们来探讨一下这种学时限制对日语翻译课程的影响。在如此有限的时间内,教师很难全面而深入地教授翻译技巧和方法,学生也难以在短时间内掌握并运用这些技巧。此外,翻译课程需要涵盖多个领域,如文学、商务、科技等,这意味着学生在有限的学习时间内无法接触到足够多的翻译素材,从而影响了他们的翻译能力和语言运用能力的发展。

为了解决这一问题,教师需要指导学生在课外主动学习,以弥补学时的不足。课外学习可以包括自主阅读、观看日语影片、参加日语角等活动,这些都有助于提高学生的语言水平和翻译能力。然而,实际情况却是部分学生学习积极性较差,他们在课堂之外不能主动地进行实践训练。

在这种情况下,学生容易陷入恶性循环。因为他们不愿意或没有自信去进行翻译尝试,导致实践机会越来越少,语言水平和翻译能力进一步下降。这对他们的未来发展无疑是一种阻碍。

二、日语翻译教学的具体策略

（一）师生共同参与教学内容的选择

翻译教学在新时代背景下面临着新的挑战，我们需要重新审视教学内容，以确保其适应时代发展的需求。教学内容应满足学生最基本的就业需求，包括日语国际能力一级和专业八级等资格考试。为此，教师需要根据教学目标、人才培养需求以及学生的语言应用水平，对现有教材进行整合，灵活选择教学内容。

优秀的翻译人才需要具备扎实的日语基础和高超的语言应用能力，同时还应具备良好的心理素质和全面的知识结构。这意味着，除了日语本身，学生还需要了解日本文化、商务知识、商贸流程、旅游、法律、计算机等多方面的知识。显然，仅依靠一本教材是无法满足这些要求的。

因此，教师应积极利用各类资源，如 CD 光盘、网络、新闻、视频影像等，丰富教学内容。在选择教学材料时，要注意其难度要适中，符合学生的现有水平，同时要充分考虑学生的兴趣。通过这种方式，教师可以为学生提供与教材相补充的资料，并引导学生参与翻译内容的选择和教学进程设计。

引导学生参与教学过程，不仅可以活跃课堂氛围，还能激发学生的学习积极性，提高课堂教学效率。在教学过程中，教师要关注学生的个体差异，因材施教，使每个学生都能在原有基础上取得进步。此外，教师还应不断反思自己的教学方法，根据实际情况调整教学策略，以实现翻译教学的最佳效果。

总之，在翻译教学中，教师应关注时代发展需求，以学生为中心，整合多种资源，引导学生积极参与，从而提高教学质量。通过这种方式，我们培养出的翻译人才将具备扎实的日语基础、高超的语言应用能力和全面的知识结构，能够适应各种翻译任务的需求，为我国与日本的交流做出贡献。

第五章　语言文化理论观照下日语教学的内容

（二）引进现代化信息技术对教学方式进行改革

根据现有信息化技术，我们可以基本实现以下几种教学新模式。

课堂教师示教模式：这种模式包括远程网络教学、教学视频在线展示的网络协同互动教学方式，以及翻译资料的全网共享、国外课堂示范等。这种方式突破了传统课堂的时空限制，使教师能够更好地传授知识，学生也能更方便地获取学习资源。

普及型课堂教学方式：这种模式以个性化、差异化教学为核心，通过信息技术的交互性、实时性，根据学生的不同性格、不同水平等因素进行差异化教学。这种方式有助于调动学生的积极性，满足他们的个性化需求，提高教学效果。

课堂分组讨论、练习：这是一种相互协作的学习模式，全体学生可以在线上参与讨论和练习。这种方式可以集思广益，让学生在团队合作中解决问题，既能提高学生的参与兴趣，又能培养他们的团队合作意识，营造良好的学习氛围。

数据云端建立完整的线上线下日语翻译教学资料数据库：这种方式可以方便学生获取各类学习资料，提高教学资源的利用效率。同时，教师提供需要的教材和音像材料，确保教学内容的丰富性和适用性。此外，该数据库能及时更新课堂扩充性资料，为学生提供开放的学习平台。

未来目标：针对课堂真实度较低的角色会话和翻译练习，我们可以利用虚拟现实（VR）等先进技术，创造出真实度极高的翻译训练模式。通过虚拟空间模拟技术，为学生呈现出一个逼真的翻译练习环境，进一步提高他们的翻译能力。

总之，现代化信息技术的应用为日语翻译教学带来了诸多便利，有助于提高教学质量和学生的语言实际应用能力。在未来的教学中，我们应继续探索和创新，充分发挥信息技术的优势，为日语翻译教学提供更优质的服务。

（三）采用更加合理、灵活的课堂评价机制

现如今，我国绝大多数高校的课程考核方式基本沿袭了考试成绩占70%，平时成绩占30%的考核机制，这种机制侧重于结果，而忽视了学生的发展。然而,日语翻译课程以其高度的实践性和应用性,决定了其课程考核的独特性。如前所述,每周一次的 90 分钟学时并不能满足完整的日语翻译课程需求,这就需要学生在课外自主学习。

在人才培养模式上,我们应在保持课堂教育质量的同时,充分利用网络课程资源,鼓励学生进行在线学习,以拓宽国际视野,丰富知识储备。学生通过清华学堂在线、中国大学 MOOC 等国内外在线 MOOC 平台修得的与本课程内容相关的证书,应予以承认,并将其成绩按一定比例纳入最终成绩。

此外,我们还将学生的课外实践成果,如新闻翻译、动漫字幕制作、相关翻译习题等,纳入课程总体评价。这一举措的目的是让学生明白,期末考试成绩并非评价学习的唯一标准,而是在日常学习和实践中积累的经验和能力。这种课程评价模式改变了传统的"一锤子"买卖,赋予了学生更多的自主性和选择性。

在教学实践中,这一课程评价模式受到了学生的热烈欢迎。我们可以看到,学生的学习积极性、学习兴趣以及课堂效率都有了显著地提升。这充分证明了,以实践为导向,注重学生全面发展的课程评价模式,有利于提高学生的学习效果,有利于培养出高素质的日语翻译人才。

第六节　日语写作教学

一、日语写作教学存在的问题

(一)学生写作的规范性和得体性不足

1. 规范性

在日语写作中,学生常出现的不规范现象主要涉及稿纸使用、简体混淆以及书写方面。例如,他们在书写促音、拗音等特殊音时格式不准确,敬体与简体的对应和转换也常常出现混乱。此外,卷面涂改过多,显

第五章　语言文化理论观照下日语教学的内容

得混乱不堪,影响了整体的规范性。这些问题都需要我们重视和引导学生正确掌握。

2. 表达能力

在传统教学模式下,学生虽然积累了大量的语言知识,但由于缺乏写作输出训练,他们在实际写作中常常出现诸如助词搭配错误、时态不符、日字词过度使用等表达失误。这些失误使得语言准确性降低,影响了表达效果和写作得分。因此,教师需要引导学生进行长期的系统输出练习,提高语言运用准确性。

3. 内容创作

学生在完成写作任务时,常常发现即使按照写作要点,也很难达到理想的表达效果。这主要是因为文章的逻辑构思不清,内容展开度和充实度不足。学生由于缺乏生活体验和感悟,难以从真实信息源出发发表自己的观点和情感态度,使得作文内容单调,词汇堆砌,难以引起共鸣,影响了表达效果。

(二)日语写作教学评价方式较为单一

当前的日语教学模式在写作环节上存在一定的问题。主要问题在于,教学过程过于依赖教师在课堂上的知识讲解,而写作练习往往被视为教学的附属环节,缺乏足够的重视。在教学过程中,教师通常会在课后根据学生所学内容随机布置作文题目,要求学生在课下完成写作,然后提交给教师进行批改。

在时间充足的情况下,教师会在课堂上针对学生在写作中出现的问题进行讲解。这些讲解主要集中在对语言知识运用方面的错误,如语法、词汇、拼写等。学生需要根据教师的讲解,对照自己的作文找出并改正其中的错误。对于仍然不理解或者存在疑惑的地方,学生可以自行向教师提问,以便更好地理解和改正。

然而,现有的写作教学评价方式主要依赖于教师评价,以结果性评价为主。这种评价方式虽然能够反映出学生的写作水平,但忽视了学生的自评、学生之间的互评以及写作过程的评价。这使得教学过程中很难及时发现和纠正学生在写作过程中出现的问题,从而影响了写作教学的效果。

二、日语写作教学的具体策略

(一)多模态日语教学

多模态教学模式(Multi-Modeling)是一种利用多种媒介,调动各种感官,实现学习者能力培养的教学模式。多模态教学模式(Multi-Modeling)是指在考虑教学目标的前提下,合理利用各种感官、各种模式为师生营造一种和谐、愉快、民主的课堂学习氛围,在调动各种感官的基础上发展学习者听说读写译等各项语言技能。在实际教学过程中,教师在制定教学任务时还要考虑教学设计的四项原则,保证教学效果的最优化。

1. 注意结合多种教学方法

由于模态选择的多样性和灵活性,多模态教学相比以往教学法具有较大的自由度和可变通性。由于一种固定的教学方法或模态无法达到所有的教学目的,所以之前诸如结果教学法、过程教学法、体裁教学法等众多教学法都逃不过到达巅峰又逐渐衰退的命运。而且固定的教学方法容易给学生带来审美疲劳,固定的套路、固定的策略很难带给学生新鲜感和趣味性。多模态教学能够根据教学目标、内容、对象等选择合适的教学方法(情境教学法、暗示法、故事法、任务驱动法、训练输出法)和模态组合灵活完成教学任务,避免呆板的课堂形式让学生丧失学习的兴趣。如课堂引入环节,完成介绍节日的写作任务时,教师可以播放节日视频结合图片进行情境教学;完成介绍家人的写作任务时,教师可以先通过故事法激发学生的学习兴趣,之后用 PPT 展示写作主题。每一节课都有不同的引入方式,有利于激发学生的学习兴趣。另一方面,模态使用并不是越多越好,在 PPT 中添加太多的图片、播放太多视频容易分散学生注意力,使学生对知识的理解只停留在表象,缺乏实际的运

第五章　语言文化理论观照下日语教学的内容

用。结合多种教学方法可以训练学生的实际运用能力,在实际运用的过程中不仅有助于牢牢记忆写作相关的单词和句子,也能够训练学生的逻辑思维能力,培养学生掌握正确的写作思路。

2. 合理规划课堂内容,注意把握课堂节奏

教师是进行多模态教学的指导者,要鼓励学生调动各个感官,积极参与到课堂活动中来。单调的教学活动很难吸引学生的注意力,也就无法调动多重感官。所以教学过程中要设置丰富的教学活动,引入丰富的模态组合,同时还要将二者相结合,避免学生对知识的理解仅仅停留在模态表面。其次,课前教师需要明确课堂设置的各个环节,如游戏设置的内容、流程、时间,小组讨论的内容、方式、结果,课堂引入环节需要的素材、方法和效果等都要考虑周全,避免出现脱节或混乱的局面。同时还要设计好备选方案和突发事件应急方案,确保课堂教学有条不紊地进行。

3. 线上线下相结合

随着信息技术的发展,多媒体技术的运用,课堂教学也应与时俱进,呈现出信息化、现代化、多媒体化和创新化的格局。多模态教学应该充分利用信息技术,促进线上教学与线下教学的充分融合,丰富学生学习形式的同时拓展学生的眼界,优化日语教学环境。教师可以利用课上时间通过 PPT、板书等形式讲解写作中的重难点知识,配合自身表情动作吸引学生的注意力,还可以利用网络丰富学生的教学活动,如下载网络课件、网络搜索相关问题、网络在线批改和解答问题等,调动学生的积极性。课下学生可以通过合作交流或网络查询的形式巩固课上内容,修改作文错误,通过网络批改网进行自我反馈,网络和同学互传写作作品进行同伴互评,修改完成后上传网络交给老师进行教师点评。教师发布优秀作品供学生品读,学生总结错误问题并进行修正,通过线上线下相结合,学生的写作学习可以形成一个完美的闭环。

4. 设计情景化教学任务

教师在设计教学活动时,要注意背景知识的输入和生活实际的联系,使学生内化所学知识,在熟悉的语境中促进学生学习能力的提高,培养学生实际运用能力。脱离语言文本和实际环境的讲述会使教学任务晦涩难懂,学生难以理解导致兴趣匮乏和成绩不理想,所以教学要与实际相结合,如教师讲授中国传统文化时,可以展示相关图片,引导学生猜测具体节日并讲述节日意义;教师还可以以当前社会热点问题为背景组织学生进行辩论赛或脱口秀表演,以学生喜闻乐见的方式培养学生逻辑思维能力和写作语言表达能力。

(二)混合式日语教学

基于"混合式学习模型",在行动研究中不断进行反思完善,并依据教师日志、学生日志、访谈等质性数据对课前、课中、课后的教学步骤进行梳理细化,探究混合式学习在教学的各个阶段的具体流程。

1. 课前准备

在"混合式学习模型"的基础上,根据行动实践使课前准备更加贴合大学日语写作教学实际,可以细化分为三个步骤(图5-1)。首先,教师需明确本次混合式教学的学习目标,依据学习目标设计线上教学,并制作学习视频上传至学习平台,之后向学生发布写作任务,鼓励学生利用丰富的互联网资源进行搜集和获取所需信息;其次,学生登录学习平台进行线上自主学习,学生需要依据学习资料完成教师布置的写作任务,之后进行自我评价和反思,同时发现学习过程中的疑难进行记录并反馈;最后,教师检查学生反馈和课前完成的写作任务,发现学生可能存在的共性问题,进行有针对性的教学设计,做好线下课程的准备。

这一阶段属于浅层学习,学生通过线上自主学习,使知识结构得到初步的建构,同时,学生利用丰富的互联网资源可以实现知识的积累,激发学习兴趣,为线下课的学习做好准备。

第五章　语言文化理论观照下日语教学的内容

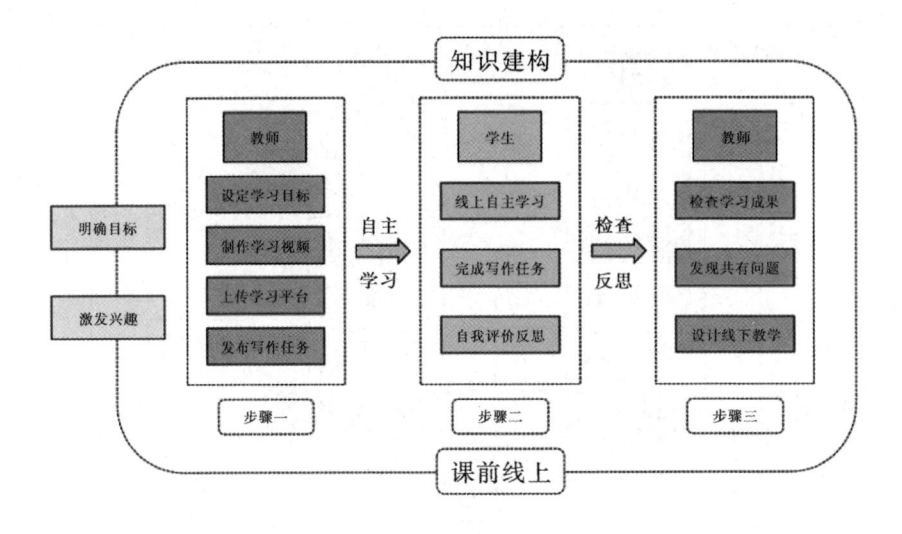

图 5-1　课前线上学习

2. 课中环节

　　课中线下环节是混合式学习的核心环节，该环节通过师与生的合作实现学生的能力培养和个性化的学习体验。

　　在线下的教学环节中（图 5-2），首先，教师依据课前学生的线上学习反馈对学生进行疑难的解答，搭建新旧知识沟通的桥梁，唤醒学生已有的图式，使学生更加容易接受新的知识。其次，教师通过设置学习情境，使学生在情境中通过合作学习、探究学习完成一个个教师布置的活动，通过整合创新实现对学生的学习能力的培养，使学生得到个性化的学习体验。最后，教师引导学生对课前学习目标进行深入探讨和总结，形成写作成果，完成知识建构，并鼓励学生进行互评互鉴，学生在师生、生生交流中进行知识的升华。课中环节之所以如此重要，是因为在高中阶段它能沟通线上和线下，对于学生知识的学习起着承上启下的作用，同时也是学生能力提升的关键阶段。学生通过和教师面对面的交流一方面能够及时解答疑难，促进知识迁移，另一方面通过项目式学习、合作学习等多种形式的学习活动，培养学生解决实际问题的能力。

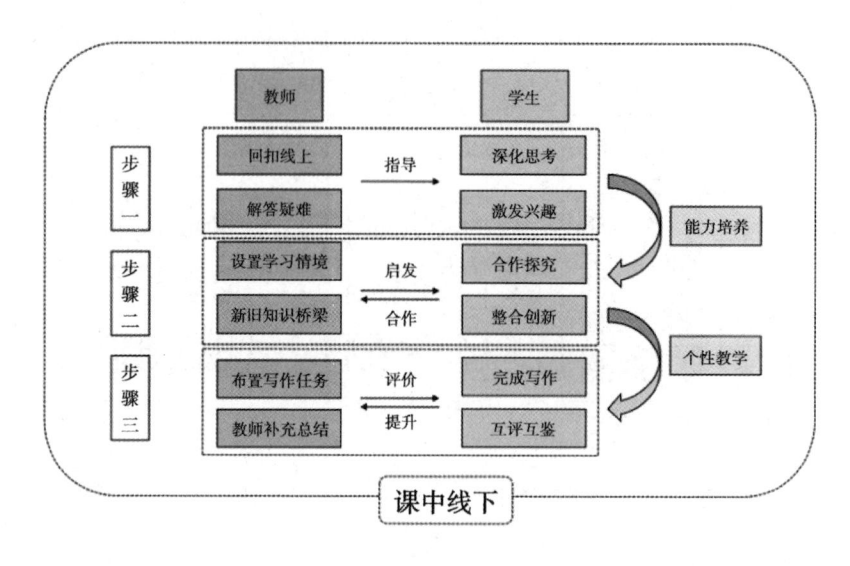

图 5-2 课中线下学习

3. 课后提升

　　课后环节是师生、生生进一步交流学习成果,对学习成果进行反思、巩固和提升的环节。在这一环节中,学习者可以使用各种反馈如自评表、总结表等对自己的学习成果进行反思,发现不足后,对学习成果进行完善,以期通过对所学知识的迁移创新提高自己解决实际问题的能力。

　　这一环节是对课中环节的有效补充,通过课后的反思和总结,学生能够对课堂上的写作成果进行查漏补缺,完善对知识的建构,进一步提高自己的知识应用能力(图 5-3)。

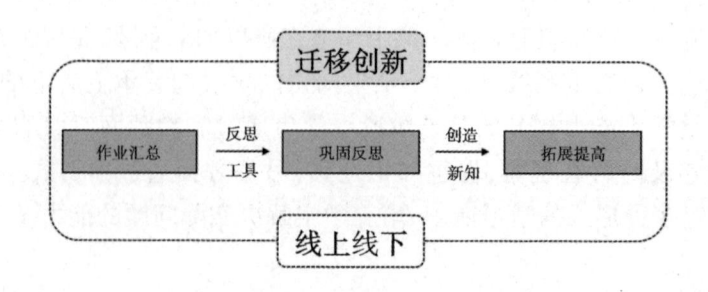

图 5-3　课后线上线下

第五章 语言文化理论观照下日语教学的内容

综上,结合行动研究实践和质性数据,对混合式学习课前—课中—课后的三段式学习模式中的每一个环节都做了具体阐述,明确了流程和步骤,为教师在大学日语写作中应用混合式学习模式提供了有效抓手。

第六章 语言文化理论观照下日语教学的常见方法

21世纪初以来,我国日语课程历经多次改革,教材、教学方法、教学模式不断得到丰富,教学设备随着科技的进步、经济的发展不断升级优化,我们追求的目标、方法也逐渐多元化。因此,创新教学模式符合当今时代对日语人才的要求。在新的时代背景下,日语教学也应该转变教学思路,采用科学的教学模式展开教学。本章就对语言文化理论关照下日语教学的常见方法展开分析。

第一节 任务教学法在日语教学中的应用

一、任务教学法的定义

目前学界对语言教学中"任务"的定义存在不同的见解。

较早阐述"任务"定义的是Richard(1985)。他将任务定义为一个特殊的行动或事件,用以处理和理解语言,比如短跑运动员听到枪声开始起跑、钢琴家听着音乐谱出悦耳的音符、教师根据教材写出教案等。以此为基础,他将教学中的任务定义为一种旨在提高学生习得目的语水平的特殊活动。Krahnke(1987)对任务的定义比较特殊,他认为以培养学生交际能力为目标且接近现实生活中的交际活动的任务才是真正的任务。Willis(1996)[1]认为任务的实施过程分为任务前、任务中和

---

[1] Willis,J. A Framework for Task-Based Learning[M].London: Longman, 1996.

第六章　语言文化理论观照下日语教学的常见方法

任务后三个阶段,并提出三个阶段的任务侧重点是有所不同的。Ellis（2003）[1]认为设置任务应从帮助学生完成交际目的的角度出发,语言的意义功能是任务的重点,而非形式。Nunan（1989）[2]将任务分为两类,即真实世界任务和教学任务。他认为在现实生活中发生频率高的任务是学生应该掌握的主要任务;单纯为了教学设置的任务在一定程度上虽然也能帮助学生快速习得目的语,但设置的任务也应尽量接近现实生活。

上述观点对语言教学中"任务"的界定侧重点有所不同,但对其在语言教学中的重要地位和作用的认同已达成共识。综上所述,在对外汉语教学中,"任务"是教师在课堂上设置的旨在提高学生言语交际能力的活动。同时大部分学者强调在"任务"的实施过程中,遵循"以学生为主体"的原则,强调"学生本位"的理念,赋予学生更多的自由和发言权,最大程度发挥"任务"的功能和优势,使学生在"边做边学"的过程中掌握语言知识,提升其语言理解和表达能力。

二、任务型教学法的教学原则

（一）真实性原则

真实性主要是指语言教学中的任务活动应力求与现实生活相契合,设计任务时应尽量创设贴近现实生活的真实情景。教师需要从学生的汉语水平和需求出发,结合实际教学环境设计出接近现实生活中的交际活动的任务,让学生在完成任务的过程中掌握语言知识,促使其尽可能多地接触生活中真实的语言;在筛选任务素材时,教师要重视与学生学习和生活密切相关的语言材料。如此以真实性为前提的教学才能够清晰地区分语言的形态与功能,使学生在完成课堂任务的同时充分体会语言形式与功能之间的联系,进而提升学生综合运用语言的能力。

---

[1] Ellis,R.Task-based language learning and teaching[M]. Oxford: Oxford University Press,2003.
[2] Nunan,D.The learner-centered curriculum:A Study in Second Language Teaching[M].Shanghai Foreign Language Education Press,2005.

（二）连贯性原则

连贯性主要是指语言教学中的各项任务之间要呈现从易到难的阶梯状上升趋势。教师在布置任务时要遵循由浅入深、由易到难的原则，前几个任务的难度不能太高，以帮助学生树立自信心，从而使其能够保持较高的积极性投入到后续的学习中。教师在布置之后几个任务时应逐渐增加任务的难度，并且任务之间逻辑关系要明确，任务的步骤与环节要连贯、流畅，同时还要注重教学内容间的衔接。任务型教学的连贯性主要体现为任务的连贯，各个任务之间是环环相扣、层层推进的关系，前一个任务是为后一个任务做铺垫的。任务的连贯性还表现为师生互动，在学生执行任务的过程中，教师担任引导者和监督者的角色，当学生遇到困难时，教师应积极帮助学生解决问题，从而保证任务完成的连贯性。任务型教学法倡导的连贯性原则，强调了教师在设置教学活动时，必须根据学生已有的水平而定，否则就不利于任务的实施以及学生对新知的掌握。

（三）交际性原则

任务型教学法注重培养学生的语言交际能力，主张学生在完成课堂任务的过程中，通过互动、交流、小组合作的方式逐渐习得目的语，提高目的语的输入和输出频率，从而帮助学生获得语言知识，提升学生的语言理解和语言交际能力。因此，教师应注意任务的设置要为培养学生的语言交际能力服务，任务的难度要与学生实际的语言水平相适应，任务难度过高，则会降低学生主动说汉语的兴趣，不利于提升学生运用汉语进行交际的能力；教师应多设置一些交际性任务和小组活动，如情景对话、角色扮演、辩论赛等，增强学生的课堂参与意识，促进师生、生生间的交流与互动，使学生在完成任务的过程中逐渐学会用汉语表达自己的诉求，从而不断提高其语言交际能力；此外，在学生展示任务成果时，教师应遵循"意义优先"原则，给学生纠错时要适"度"，以免打击学生学习汉语的积极性和自信心。

第六章　语言文化理论观照下日语教学的常见方法

三、日语任务教学模式的实施

目前学界对于日语任务型教学法的实施步骤认可度最高的是威利斯(Willis)(1996)在其 A Framework of Task-Based Learning 中提出的三阶段模式,分别为任务前、任务中和任务后阶段。

(一)任务前阶段

任务前阶段是翻转课堂模式下的日语任务型课堂教学实施步骤的第一个环节,也是日语任务开展前的准备阶段。这一阶段教师可以从教学和情感两个维度引导学生完成任务执行前的准备工作。在翻转课堂模式下的日语教学方面,教师应明确任务的主要内容,向学生介绍任务的大致流程和任务执行时需要注意的相关事项,激活学生头脑中的语言储备。在介绍任务要求时,教师可以通过播放视频、展示实物、多媒体展示图片等方式进行导入,通过这些方式进行导入有助于快速集中学生的注意力,使学生全身心地投入到日语的学习中;在情感方面,教师在上课前应充分备课,明确教学目标和教学重难点,并思考新知与学过的知识是否有联系。此外,备课的同时也要了解每一个学生的日语水平和学习需求,最大程度激发学生学习日语的积极性,使学生能够积极地参与任务活动,减少部分学生抵触上课的情绪,如上课伊始,教师可以向学生进行简单的问候,或者播放舒缓的音乐和有趣的视频,减轻学生学习汉语紧张焦虑的心理,为学生创造一个轻松愉悦的学习氛围,让学生能够全身心地参与教学活动。在整个教学活动中,任务前阶段是翻转课堂模式下的日语任务型教学课堂的基础部分,这关系着后续任务是否能够顺利开展。

(二)任务中阶段

任务中阶段是翻转课堂模式下的日语教学中学生执行任务的过程。在这一阶段,学生是课堂的中心,是任务执行的主体,教师主要起到引导和监督的作用,最大程度保证学生的主体地位。学生完成任务有很多途径,例如通过小组合作,情景对话、探讨交流等方式完成任务。在学生执行任务的过程中，教师可以大量使用鼓励性的语言，并引导学生运用日语语言来完成任务，但不可过多干涉。由于学生水平有限，因此在任务执行过程中，应允许学生通过查字典、使用翻译软件解决疑难问题。针对学生解决不了的问题，教师应及时做出解释、提供帮助。这样既保护了学生表达的兴趣，同时也能加强教师与学生之间的互动。此外教师还要掌控好任务的时间，鼓励学生尽量自主完成任务。

（三）任务后阶段

任务后阶段是翻转课堂模式下的日语任务型教学法的最后一个环节，也是学生任务完成情况的总结反馈阶段。在这个阶段，首先，学生已经完成小组任务，教师可采用提问和小组汇报的方式来检验学生掌握知识的情况，从而把握学生完成任务的程度。其次，教师要结合学生实际，启发学生解决问题，归纳出学生错误率较高的方面并进行提示和纠正。然后，带领学生梳理本节课的知识内容、复习回顾教学重难点，进一步帮助学生巩固所学知识。最后，教师指导学生进行语言形式的操练，从而培养学生将语言知识和语言形式转化为言语交际的能力。

任务型教学法的实施步骤包括任务前、任务中和任务后三个阶段。在翻转课堂模式下的日语任务型课堂上，教师要把握好这三个环节，在实施过程中应注意三个阶段的前后贯通，层层递进，帮助学生掌握语言知识和语言技能，加强学生学习汉语的兴趣，提升他们综合运用语言的能力。

第二节　产出导向法在日语教学中的应用

一、POA 理念的内涵

产出导向法（Production-Oriented Approach，POA）是我国文秋芳教授在日语教育领域所提出来的一种创新的日语教育理念。产出导向法的核心提倡"以学习为核心，以提高学生的效率"，强调"学"与"用"

第六章 语言文化理论观照下日语教学的常见方法

相结合。①

产出导向法中的教学假设理论为实际教学课堂中的教学流程设计提供了理论支撑；而"输入促成假说"则提出了一个新的观点：恰当的输入能够提高学生的日语水平；"选择学习假说"的真正含义是：从学生的实际需求出发，选择对产生结果有利的教材，以节约时间，达到较好的学习结果；"以评促学假设"则倡导在教师的指导下，通过学生的自我评价，学生之间的同伴互评，以及师生合作评价，来对学生的学习情况进行深入分析。有学者认为产出导向法的教学理念由三种学说构成。三种学说分别关于学习重点，学习目标与学习意义等方面。产出导向法的核心教学理念是促进学生的学用一体，让学生学会使用所学的知识，做到学有所用，从而让学生各个方面的能力都得到有效的提升，得到全面的发展。②

"教学理念""教学假设"必须借助"教学流程"来实现。在这一过程中，教师起着重要的媒介作用。"驱动"由三个部分组成：老师对交流情景的解释；学生的努力产出；老师提出课程目的，并布置学生作业。"促成"的过程中，有3个部分：老师对输出任务进行了明确描述；学生有选择地进行学习，老师对其进行密切关注，及时给予指导；在小组活动中，同学们完成自己的测试内容，老师对结果进行评价。"评价"可以分为"即时评价"和"延时评价"两种。即时评价指的是在学生进行学习和输出的过程中，教师对学生目前所达到的学习效果做出的评价，这可以帮助教师对教学进度和方法做出相应的调整。所谓延时评估，就是学生在老师的引导下，经过一段时间练习，将练习结果提交给老师，老师进行评价。

二、日语 POA 教学模式的实施

（一）驱动环节

第一个部分是"呈现交际场景"，教师需要运用自身的创意和语言、

---

① 文秋芳."产出导向法"教学材料使用与评价理论框架[J].中国外语教育，2017,10（2）：17-23+95-96.
② 邵荣青.基于产出导向法的日语词汇混合式教学设计[J].日语广场，2022（21）：106-109.

视频、图片等媒介让学生体会到真实的交际情境,这就要求教师在课前深入了解学生的兴趣和需求,搜集合适的驱动材料,用大量的输入来激发学生的好奇心或者激活学生的相关背景知识,要求教师与时俱进,具备强大的创新能力。

第二个部分是"学生亲身体会",教师呈现部分驱动材料之后给学生安排一定输出任务,如回答问题、分享趣事等,运用自己的日语知识完成交际性任务,在此过程中让学生意识到自己对相关日语知识的匮乏,从而激发求知欲。

第三个部分是"教师说明教学目标和产出任务",需要注意的是,日语教学目标一定要是为交际服务的,着重关注解决日语学习中"学用分离"的问题。

(二)促成环节

第一步需要教师描述产出任务,让学生对本堂课的学习目标和任务目标有清晰的认知,教师需要告诉学生本节课的学习目标。

第二步是学生进行选择性学习,自主选择产出任务所需要的输入材料,教师起到支架作用,在学生完成任务的过程中进行指点,鼓励学生进行富有个性的自我表达。这一步是学生将语言形式与意义和使用结合起来的至为关键的一步,整个过程教师都要及时对学生的产出结果和使用的准确性进行检查,掌握学生的学习效果。

第三步是产出练习与检查,教师要注意产出任务的循序渐进以及检查的及时性,充分了解学生是否具备完成产出任务的能力,能否充分理解日语规则、准确应用日语。

在促成环节,教师尤其要注意学习中心原则,学习前期,教师起到支架作用,不对学生的学习进行过度干涉,但是也不能完全不指导。如果后期有高水平的学生能够掌握相应的学习方法,教师可以将脚手架的角色交给他们,并鼓励学生自己寻找或者补充输入性材料,给予学生自主探究学习的空间。

(三)评价环节

评价分为即时评价和延时评价,即时评价是对促成环节中学生的产

第六章　语言文化理论观照下日语教学的常见方法

出任务进行评价,教师对产出作业进行有针对性和差异化的评价与指导。即时评价既能帮助学生了解自己的劣势与优势,也能帮助教师调整教学进度,掌控教学效果。延时评价指教师给学生布置课后作业,学生在课外完成之后交给教师进行评价,主要是为了检验学生一整节课的学习成果,也能帮助教师进行反思,改进下一节课的教学。同时,延时评价分为复习性产出和迁移性产出,这就要求教师掌握学生的水平,布置分层作业。复习性产出要求学生运用课堂上学到的知识完成课后练习题,迁移性产出要求语言水平高的学生完成高难度的作业。另外,评价环节需注意评价的结果要实现合作共赢的目的,师生共同学习评价标准,在评价时采用教师评价、自主评价、生生互评等多种评价方式,确保评价的针对性与差异性,让评价者和被评价者共同受益,即让学生从自己同伴的产出任务结果中学会如何学习日语知识,深入理解语言规则,改进自己的学习方式和产出结果。

此外,POA 理论指导的日语翻转课堂教学需要因教师、教学对象而异,如何选择驱动材料,如何设置产出任务,如何设置分层作业,都基于教师对学生的了解,对教师创新能力、支架作用的要求尤为突出。根据文字阐述,生成以下基于 POA 理论的日语翻转课堂教学模式流程图,见图 6-1。

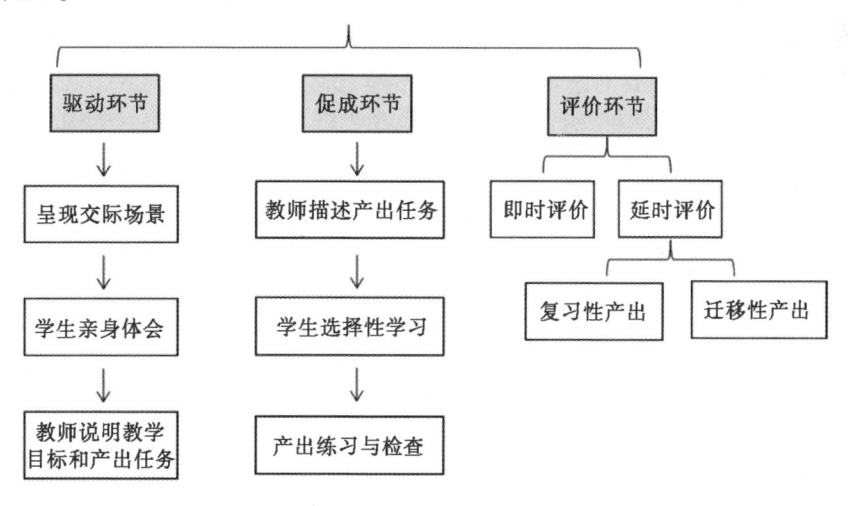

图 6-1　基于 POA 理论的日语翻转课堂教学模式

第三节　成果导向法在日语教学中的应用

一、成果导向教育（OBE）

OBE 理念的全称是 Outcome-Based Education，这一理念是由美国社会学家威廉·斯派蒂（William G. Spady）于 1981 年提出的。1994 年他在他的著作《基于产出的教育：争议与答案》（Outcome-Based Education: Critical Issues and Answers）里对 OBE 理念的内涵进行了定义："清晰地聚焦和组织教育系统，使之围绕确保学生获得在未来生活中获得实质性成功的经验"[1]。然而，澳大利亚教育部门也对 OBE 理念的内涵作出了解释，即"实现学生特定学习产出的一种教育过程，教育结构和课程是教育过程的手段而非目的，如果该过程不能培养学生的能力则需要被重建"。通过以上对内涵的定义可知，OBE 理念重点关注的是学生的学习成果，所有的教学活动都要以学生为中心，以学生的学习成果而展开，即"成果导向、学生中心、持续改进"。因此，在开设教学活动前我们首先要清楚学生在结束学习之后有哪些学习成果，以怎样的手段和方法来实现学习成果，用何种方式评价学生所获得的学生成果，在此基础上来安排合适的教学活动，以保证顺利实现预期的学习成果。

李志义、朱泓、夏远景（2014）归纳了 OBE 的实施框架：一个核心目标、两个重要条件、三个关键前提、四个实施原则、五个实施要点（图 6-2）[2]。

---

[1] pady, W. G. Outcome-Based Education: Critical Issues And Answers[J]. Arlington, VA: American Association of school Administrators, 1994 (21): 1-10.
[2] 李志义, 朱泓, 刘志军, 夏远景. 用成果导向教育理念引导高等工程教育教学改革[J]. 高等工程教育研究, 2014 (02): 29-34+70.

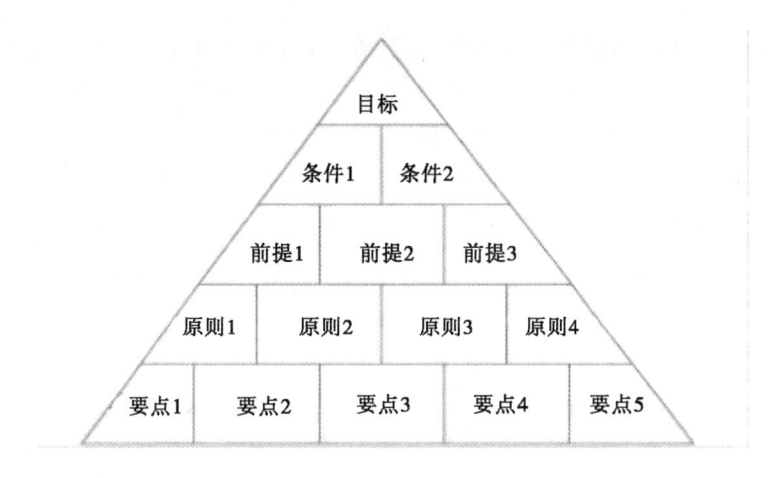

第六章　语言文化理论观照下日语教学的常见方法

图 6-2　OBE 三角形实施框架

核心目标：每个学生都要达成最终的顶峰成果。

重要条件：

（1）描绘成果蓝图，明确学生应达到的能力，使学习成果清晰化。

（2）创设成功环境，为学生提供合适的条件和机会以达到预期目标。

关键前提：

（1）通过学习，每个学生都可以获得成功，但是所需的时间不同、采用的方法不同。

（2）成功是成功之母，即一次学习的成功会促进下一次成功的学习，层层递进，最终达到顶峰。

（3）学校掌握着学生成功的条件，因此学校应提供更多的学习机会和学习资源给学生，以帮助他们取得最终成果。

实施原则：

清楚聚焦、扩大机会、提高期待以及反向设计是在真正落实 OBE 理念过程中应遵循的四项基本原则。这四项基本原则的提出是建立在两个前提基础之上的：

（1）教育对人才培养提出的基本要求具有可判断性。

（2）每个学生的发展存在无限可能性。

基于以上两点，斯派蒂（Spady）才构建了实施 OBE 理念的基本原则。第一，清楚聚焦，这是实施 OBE 理念最基础且最关键的一条原则，它要求教师和课程计划者清楚地聚焦于他们期待学生最终获得的学习成果,并以此来开展教学设计和教学活动;不仅如此,它也对学生提出了要求,学生也要把学习目标明确地聚焦于学习成果上面。第二,扩大机会,这一原则是指学生个体之间具有差异性,他们可能不能用同样的方式和同样的时间取得相同的成果,但是 OBE 理念相信"人人皆能成功",因此学校和教师应尊重学生个体之间的这种差异性,提供指导、灵活安排教学时间和教学资源以及进行科学评价,从而保证每个学生都有成功的机会。第三,提高期待,这一原则指在教学实践过程中教育者对学习者设定合理且高于他们自身水平的教学目标,这个教学目标要遵循最近发展区这一理论,需具备挑战性,同时也要不失可实现性。但需要注意的是这个教学目标不是固定不变的,要跟随学习者的变化发展而进行动态设定,始终以学生的发展水平为依据,构建更高一级的标准,从而保证"成功到更成功"的学习的有效推进。第四,反向设计这一原则与预定的学习成果密切相关,即这些成果不仅是教学设计和课堂活动安排的终点,也要以此为起点反向设计课程,认真思考怎样以最终的成果为出发点自上而下的设计活动,才可以保证学习成果的顺利实现。以上四个基本原则息息相关,缺一不可。

实施要点:

斯派蒂(Spady)在构建出的金字塔结构中,列出了在实际应用 OBE 理念时应遵循"确定学习成果""构建课程体系""确定教学策略""自我参照评价"以及"逐级达到顶峰"的这五个实施要点。第一,学习成果指的是学生在结束某一门课程的学习之时或者之后能够取得清楚的、可以看见的、可以证实的成果[1]。在明确学习成果时应考虑多方面的因素,包括社会、学校、家长和学生本人,这些成果不仅是教学设计和课堂活动安排的终点,也要以此为起点。第二,构建课程体系是指在明确学习成果之后,可以通过一种或者多种课程来实现这些学习成果,同时,一门课程也具备完成多种成果的能力,它们相互之间存在着清楚的映射关系。第三,教学策略是指帮助实现学习成果的有效手段,与以教师为中心的传统教学方式大为不同,OBE 理念强调要以学生为中心,关注学生的学习结果、能力;同时 OBE 理念更多关注的是输出而不是输入;此外,由于学生个体之间存在差异性,OBE 理念也提倡个性化教学,教师要依据学生的特点、目标、学习进度等采取因材施教的方式,制

---

[1] 姜波.OBE:以结果为基础的教育[J].外国教育研究,2003(03):35-37.

第六章 语言文化理论观照下日语教学的常见方法

定有针对性的教学方案。第四，自我参照评价应根据学习成果，对学生所取得的成果以及能力的提升进行多元、个性化的评价，而不是仅仅对学生进行终结性评价。第五，逐级达到顶峰指的是拆分学习成果，把学习成果定级，让学习者在学习过程中逐渐实现由低级到高级的转变，最后走向顶峰，这表明学生可能花费不同的时间，采取不同的学习手段和方法，但是他们最终会抵达相同的目标。

二、日语 OBE 教学的设计原则

（一）成果导向

基于 OBE 理念的日语教学以成果为导向，强调日语教学过程中教学设计要清楚聚焦在学习者最终可获得的学习成果上，日语教学活动的全过程围绕学生最终可获得的学习成果进行，之后对日语教学过程与教学评价等各元素进行反向设计。教师要让学生知道他们正在达成什么样的日语教学目标，为什么要达成这一教学成果，如何实现日语教学目标。

（二）以学生为中心

基于 OBE 理念的日语教学模式的教学全过程以学生为中心，新教学模式要求在高效的日语教学活动中，对学生的自主探究能力和自主学习意识进行培养，让学生在教学实践中能够有目标地、自主地进行探究学习。教师对学生教学活动结束后需要掌握的专业知识与技能进行全面分析以进行教学设计，在教学实施的过程中以学生的发展为主线，以教学效果的顺利实现为关键，将课堂还给学生，尊重学生的主体地位，充分激发他们的学习热情，实现任务成果并完成知识的内化吸收。

（三）扩大机会

"扩大机会"意味着学校和老师应尊重学生之间的个体差异，给学习者提供更多的机会，帮助他们完成学习成果。基于 OBE 理念的日语

教学模式强调要让所有学生都能在学习过程中获得成功,但是学生获得成功的时间和方式是不一样的,可以给学生提供更丰富的学习资源,使用更灵活多样的方法,以丰富学生的学习体验。教师还应以更弹性的方式让学生进行个性化学习,以更丰富多元的评价机制,给予学生更多的机会,帮助学生达成日语学习目标。

(四)持续改进

基于 OBE 理念的日语教学模式的教学评价不但用于评判学生的日语学习情况,更是为了获得日语学习反馈,及时发现日语教学过程中存在的问题,对日语教学全过程进行持续改进。持续改进有利于教师对日语教学目标与教学过程进行完善,使日语教学全过程更符合学生的日语学习特点与需要,发挥更好的教学作用。对学生进行教学评估时,要注重过程性评价,以更好地掌握他们的学习状况。

(五)线上线下相结合

基于 OBE 理念的日语教学模式打破学习时间、空间上的界限,结合教学云平台,以线上线下相结合的方式给学生进行教学。将传统日语教学模式中教师课堂讲授、课后解决问题转变为课前线上学习、课中线下教师指导学生合作探究、交流讨论。线上教学环节的加入,以新颖的学习资源吸引学生注意,在丰富学生学习体验的同时,满足学生个性化学习需求,与线下教学环节相结合,扩宽学生知识积累,激发学生的学习积极性与主观能动性。在确定课程目标时,教师可根据不同教学环节设定不同教学目标,在课前线上教学环节以达成低阶知识目标为主,而课中线下教学环节推动学生达成高阶思维目标。

三、日语 OBE 教学的过程设计

在确定日语教学目标、重构日语教学内容后,需要配备相应的日语教学资源、设计对应日语教学流程、确定日语教学方法以支撑日语教学成果。基于 OBE 理念的日语教学模式强调采取线上线下相结合的方式实施日语教学,借助云教学平台,无论是学习空间上还是时间上与传

第六章　语言文化理论观照下日语教学的常见方法

统日语教学模式相比都更灵活、自由。通过对 OBE 理念与日语翻转课堂教学模式进行深入分析,本书设计出"三环十步教学流程",如图 6-3 所示。

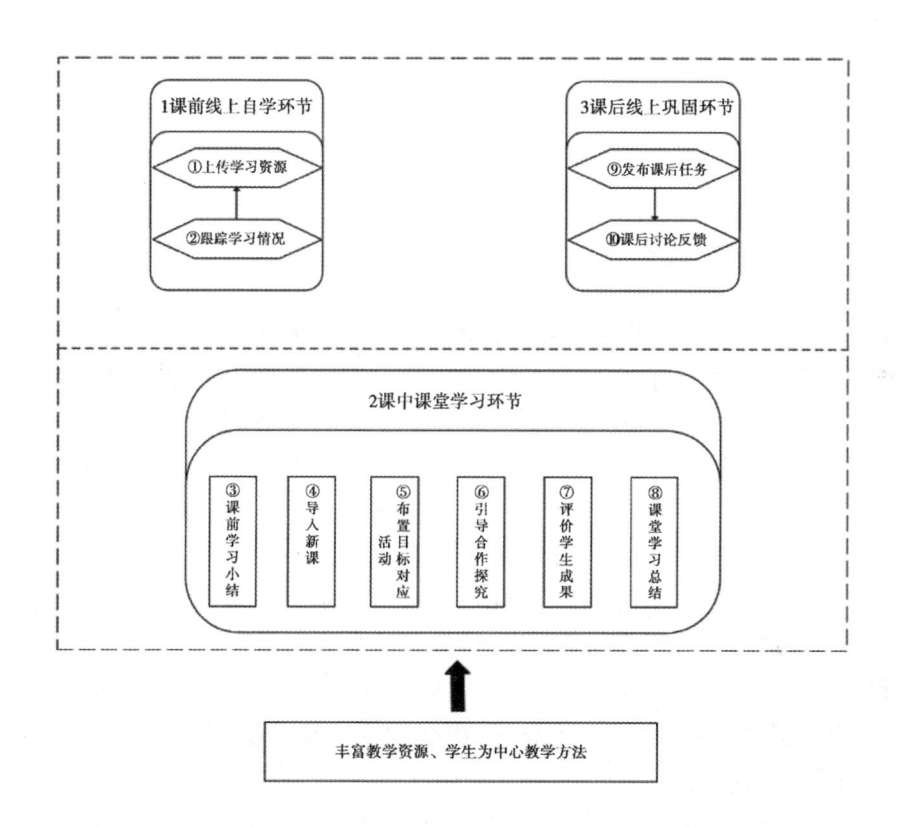

图 6-3　"三环十步"教学流程图

（一）课前线上自学环节

（1）上传学习资源。OBE 理念要求日语教学成果的清楚聚焦。上课前,教师需要确定日语课程教学目标,在此基础上进行整体日语教学设计。老师应在日语教学云平台上传相关学习资源供学生进行课前自学,学习资源应尽可能地贴近学生日常生活,以提升学生学习兴趣,使学生产生学习共鸣。微课资源时长不应过长,控制在学生有效学习时间内,难度不宜过大,以免影响学生对本节课的学习兴趣和学习积极性。

通过这一步骤让学生明确课程学习目标,学习本节课的基础知识,获得学习成就感。

(2)跟踪学习情况。学生在完成课前自学环节的学习后,还应积极完成课前小测任务,向教师反馈课前学习效果。对于遇到的疑难进行适当标记,以便在课堂上展开讨论。教师应及时跟踪学生课前自学环节的学习情况,以便对课中教学环节进行适当调整,使教学活动更具针对性和适应性,同时对学习资源、课前小测完成情况进行记录。

(二)课中线下学习环节

课中课堂学习环节主要采取教师辅助学生解决问题和组织学生进行线下交流讨论、合作探究的方式进行。课中课堂学习环节和课前自学环节并不是相互独立的,他们是相辅相成、互相促进的。课中教学环节是对课前自学环节知识的深化学习,也是提升学生综合素质的关键环节。

(1)课前学习小结。日语课堂教学活动实施前,教师需对课前自学环节的内容与学习情况进行小结,之后带着学生一起回顾课前学习内容,梳理课前学习环节的重难点,讲解课前小测题目。

(2)案例导入新课。课堂小结后,以学生感兴趣的案例导入新课,向学生提出问题,激发学生思维,引起学生注意,让学生通过讨论和分享来解决问题。

(3)布置目标对应活动。基于OBE理念的日语教学模式的课中学习环节通过组织学生交流讨论、合作探究的方式进行。教学活动设置上应与课程目标相对应,使学生完成活动探究后能顺利获得学习成果。在这一环节中,教师需要让学生明确活动内容,学生确定分组后,给学生发放完成活动需要用到的工具与材料。

(4)引导合作探究。在活动探究过程中,教师需要实时监督学生课程任务完成情况,把握时间和控制课堂秩序,认真观察学生在合作探究时的表现和记录他们遇到的问题,加以适当指引。老师还需要鼓励学生克服畏难情绪,遇到困难时与小组成员共同合作,培养刻苦钻研的精神,让学生学会使用现有的学习资源共同分析、解决问题。

(5)评价学生成果。在完成活动后,各个小组需要派代表对成果进行展示与汇报,讲解成果完成思路、遇到的问题和解决的方法等。在组

第六章　语言文化理论观照下日语教学的常见方法

员汇报时,别的小组成员可以对组员汇报情况进行拍摄记录,帮助汇报员汇报后观看视频反思自己的表现,以提高学生语言表达能力、仪态和汇报能力。在小组汇报过程中,教师可以邀请其他小组对学生成果进行点评,汇报完成后,教师需要对每个小组的整体表现进行总体评价。对学生活动成果进行评价能使学生更客观地了解成果完成情况和学习表现,促进学生自我反思,提高学习成效。

（6）课堂学习总结。最后,教师需要带着学生一起对教学内容进行总结,梳理巩固课堂知识,帮助学生突破重点难点。在整个课中教学环节中,应坚持以学生为中心,给学生足够的空间让学生自行发现问题、解决问题。课中课堂学习环节让学生在合作交流、活动探究过程中进行知识的内化与运用,使学生达成"应用""分析""评价"等高阶学习目标,同时也提升了学生团队合作能力、分析解决问题能力等。

（三）课后线上巩固环节

课后线上巩固环节主要对课堂知识进行巩固,促进知识的迁移与升华,对于部分知识点还可在这个环节给学生提供拓展学习资源供学生进行学习。这个教学环节主要通过云学习平台进行。

（1）发布课后任务。教师在云教学平台发布课后任务。教师需要提前准备好课后作业及相关资源,资源应具备趣味性,以提升学生学习积极性。

（2）课后讨论反馈。在课后讨论时,教师可以组织学生分享本节课的学习心得和遇到的问题,让大家一起交流讨论。教师充分发挥引导者的角色,引导学生对问题进行思考、协助学生解决疑难。鼓励学生多发言,帮助学生吸收、理解本节课的学习内容,促进部分学生克服胆怯等缺点,培养他们的自信心。如果学生对教师教育教学有什么意见也可在这个环节提出,彰显学生主体地位。根据学生课堂学习成效、成果达成状况,对教学活动进行持续改进,反思教学过程。课后学习环节使学生实现知识的巩固和迁移,同时可以培养学生综合能力。

（四）教学方法

教学方法是学生在日语教学活动中达成日语教学目标的手段,好的教学方法能提高学生的学习兴趣,使学生更好地掌握课程内容。基于OBE理念的日语教学模式强调以学生为中心与扩大机会的教学设计原则,所谓"教无定法,学无定式",我们可以采取多种教学方法与模式让学生进行该门课程的学习。如任务驱动法,任务驱动法在日语教学活动中,教学目标会被教师设置在教学任务中,之后让学生根据任务书的内容自主探索,通过与小组成员共同协调、自主探索完成教学任务,充分发挥学生的主观能动性,培养学生多方面能力。除了任务驱动法之外,项目教学法同样可以应用在基于OBE理念的日语教学模式中,项目教学法以"确定项目、制定计划、活动探究、作品制作、成果交流、活动评价"为教学设计思路。教师设计一个与课程内容有关的项目,然后让学生自己搜集与项目相关的信息、设计解决方案并结合课堂知识去实施项目,整个过程到最终对项目的评价,学生都需要参与其中。学生通过完成项目实现知识内化,达成教学目标。

(五)教学资源整合

基于OBE理念的日语教学模式强调扩大机会,根据学生的特点和需要给学生组织丰富的教学活动、提供优质的教学资源。教学资源有利于教学活动顺利开展,激发学生学习动力,助力高效率达成日语课程学习目标。在日语教学模式实践过程中,可以给学生提供以下教学资源。

(1)可视化学习资源。可视化学习资源包括微课、视频等。可视化教学资源时长需控制在学生有效学习时间内,解释清晰易懂,最好辅以动画片段,以激发学生学习兴趣。

(2)课程教学课件。PPT为学习过程中重要的学习资源,它既可以在课堂上辅助教师讲解新的知识,也可以帮助学生课后及时对知识进行梳理与巩固学习。在日语教学活动实施过程中,当学生遇到疑难,也可以通过日语教学PPT查找答案。一个好的日语教学PPT使学生对日语知识的掌握更具逻辑性与系统性。

(3)其他教学资源。除了上述教学资源,还可以准备与日语课程教学方法、需要相对应的一些日语教学文件。如课程任务的任务单、评分表、文档资料、练习题等等。

第四节　项目教学法在日语教学中的应用

项目教学法是指一个由学生组成的小组有一项确定的任务,他们自己计划并且完成,结束时有一个正确的结果。"项目教学法"最显著的特点是"以项目为主线、教师为引导、学生为主体"。

一、日语项目教学宏观设计思路

项目是由课题组教师结合教材的单元主题、学生实际拟制的,属于研究类项目,需要使用问卷调查、采访等研究方法,使用归纳、总结、推理、综合等分析方法,使用联系环境、时代、社会等立体层面溯因的讨论方法,按照"现象→问题→调查→分析→讨论→解决问题"这个逻辑展开研究实践。通过研究实践、汇报展示、评价和反思,希望在以下几个方面使学生得到发展和提高。

(1)思想认识。通过对项目调查、研究、思考、分析、讨论,通过归纳、总结、推理、演绎、综合,通过联系环境、时代、社会、国家、世界等对现象进行客观理性解读,致力于解决现象中存在的问题,从而深化学生对话题的认识深度,增强其社会责任感和担当意识。

(2)语言。项目实践可以帮助学生打下扎实的语言基本功,锻炼读、写、说的技能和培养语言综合运用能力。这是在真实语境下的语言应用,日语成为信息输出的工具,表达思想观点的工具。

(3)内容。使学生拓展对本单元话题的认知,通过信息查询、文献阅读了解跨学科知识和丰富相关百科知识。

(4)能力。培养学生的研究能力、自主学习能力、合作交流能力、批判性思维能力、问题解决能力、信息搜索能力、各类软件和平台使用等非语言能力。

(5)情感。培养家国情怀,培养学生内在的学习动机、积极的学习态度和较强的自我效能感。

（6）素养。通过教师的指导和规范，通过学习、研究、汇报、展示和比赛、通过评价和被评价，培养学生的学术素养、信息素养、视觉素养。

二、日语项目教学步骤

项目教学按照如下七个教学阶段进行。

（1）介绍项目和分组。介绍"项目式教学"理念和"如何做项目"，之后学生进行分组并选拔组长。

（2）设计项目。由课题组教师根据教材的单元主题，学生生活学习实际和课程思政目的共同设计项目，然后给学生项目小组布置任务。学生项目小组根据自己的理解和看法对项目进行"再设计"，并拟制具体的研究目标或研究问题。

（3）制订计划。小组项目负责人根据研究目标，通过协商制订项目工作计划、工作步骤，并最终得到教师的认可。

（4）实施计划。小组项目负责人通过协商确定小组成员的合作形式，明确组员在项目实践中的分工，然后按照已确立的工作计划和步骤开展项目实践。一般工作步骤是：确立研究目标→阅读文献→确定研究方法→展开调查（问卷/采访）→回收和分析数据→总结研究发现→讨论并得出结论→用日文制作PPT，撰写研究报告。

（5）检查修改。汇报展示前由教师对PPT和研究报告进行检查和审核，并提出修改意见。然后学生修改，老师再审核直至合格。

（6）展示与评价。负责汇报的小组成员在教室或在线上演示PPT用日文介绍研究成果。汇报结束后，由学生（非小组成员）和老师依据评价标准分别点评，课后，教师以书面形式在班级群公示终评。

（7）反思与借鉴。项目小组根据终评对PPT和研究报告进行最后修改，然后提交作品。教师将本论次最佳作品发到各班班级群，给予鼓励表扬，同时达到互相借鉴学习的目的。最佳作品将和其他实验教师推出的最佳作品进行二次评比，胜出作品参加学期末终极决赛。

（8）项目教学后期。每阶段（即每学期）项目教学完成后，教师对学生的项目成果（PPT，研究报告）进行修订和汇编，根据学生学习表现、意见和问题反馈、项目成果折射的共性类问题，反思项目教学的短板，继而进一步完善课程、课堂和研究项目的设计，为下一阶段教学做好准备。

第七章　语言文化理论观照下日语教学的创新模式

在教育信息化时代背景下,日语教学需要做到与时俱进,积极进行创新与发展,引入新的教学模式,跟上社会发展的步伐。当前,随着信息技术的飞速发展,随之出现了很多新型的教学模式,如慕课教学、微课教学、翻转课堂教学等,日语教师需要掌握这些新型的教学模式,进而充分应用在教学过程中。同时,虚拟现实技术与人工智能技术的引入更加速了日语教学的改革。基于此,本章就重点分析语言文化理论观照下日语教学的创新模式。

第一节　慕课、微课与翻转课堂教学模式

一、微课教学

(一)微课与微课教学

微课(Microlecture)是指运用信息技术按照认知规律,呈现碎片化学习内容、过程及扩展素材的结构化数字资源。它通常以视频为主要载体,记录教师在课堂内外教育教学过程中围绕某个知识点(重点、难点、疑点)或教学环节而开展的精彩教与学活动全过程。

微课具有时间短、内容精炼、知识点突出等特点,能够满足学习者随时随地学习的需求,因此在教育领域中得到了广泛应用。同时,微课还

可以通过互联网平台进行传播和分享，使得更多的人能够获取优质的教育资源。

微课教学的基本特点包括以下几方面。

1. 教学时间较短

根据学生的认知特点和学习规律，微课设计的时长一般为 5～8 分钟左右，最长不宜超过 20 分钟。

2. 教学内容较少

为了突出课堂教学中重点、难点、疑点内容，或是反映课堂中某个教学环节、教学主题，把传统一节课要完成的众多教学内容，分成多段，从中选取一个进行微课教学。

3. 资源容量较小

根据认知负荷理论，学习者在工作记忆中进行加工信息的能力是有限的。微课视频的时长一般控制在 5～8 分钟，最长不超过 10 分钟，相对于 40～45 分钟的常规课堂讲授，微课的学习内容是经过高度浓缩的，因此学习资源容量相对较小。

（二）日语微课教学的设计

日语微课教学的设计原则应该以学生为中心，围绕学生的需求和特点进行设计。以下是一些日语微课教学设计的原则。

1. 明确教学目标

在微课设计之初，要明确日语教学的目标，确定日语微课教学要解决的问题和重点。只有明确日语教学的目标，才能更好地设计微课教学的内容，确保微课教学的效果。

第七章　语言文化理论观照下日语教学的创新模式

2. 精简内容

日语微课视频的时间一般较短,只有 5 ~ 8 分钟,因此需要精简内容,突出重点和难点。同时,要避免过于复杂或过于泛泛的内容,以免影响学生的理解和记忆。

3. 吸引学生的注意力

日语微课教学效果很大程度上取决于学生是否能够集中注意力。因此,在日语微课设计中,要采用多种日语教学方法和手段,如生动的语言、丰富的图片、有趣的案例等,以吸引学生的注意力。

4. 符合学生的学习习惯

不同的学生有不同的日语学习习惯和方式,因此在日语微课设计中要考虑学生的日语学习习惯,尽可能地符合学生的自身学习需求和特点。

5. 完整的课程结构

虽然日语微课的时间短,但需要有一个完整的课程结构,包括引入、讲解、演示、总结等环节。这样可以帮助学生更好地理解和掌握知识点。

6. 良好的教学节奏

在日语微课教学中,教学节奏的把握非常重要。要避免过快或过慢的节奏,以免影响学生的理解和吸收。同时,要保持连贯性和逻辑性,使学生能够更好地理解知识点。

7. 适合的媒体形式

微课可以采用多种媒体形式,如视频、音频、图片等。在选择媒体形式时,需要考虑日语教学目标、教学内容和学生的需求,选择最适合的形式来呈现知识点。

日语微课教学设计需要合理设置课程目标和明确教学重难点。这有助于提高日语微课教学的质量和效果,帮助学生更好地掌握知识和技能。首先,日语微课教学设计应合理设置课程目标。课程目标是日语微课教学的核心和灵魂,它贯穿于整个日语微课教学的始终。在日语微课教学设计过程中,教师需要根据日语课程目标来设计教学内容。同时,还需要根据学生的实际情况和需求,制定出切实可行的日语课程目标,以帮助学生更好地掌握知识和技能。其次,日语微课教学设计应明确教学重难点。在日语微课教学中,由于时间有限,教学内容需要高度精简和突出重点。因此,教师在教学设计时需要明确教学重难点,并在教学中着重讲解和突破这些重难点。这有助于提高微课教学的针对性和实效性,帮助学生更好地理解和掌握知识点。

二、慕课教学

(一)慕课与慕课教学

慕课是一种在线教育形式,它不仅提供了免费的课程资源,还具有与传统课程类似的作业评估体系和考核方式。慕课是网络教学形式之一,它的发展可以追溯到十几年前的在线教育系统。然而,慕课在近年来得到了快速发展和广泛关注。

与传统课程相比,慕课具有一些独特的优势。首先,慕课打破了时间和空间的限制,让学习者可以随时随地学习。其次,慕课提供了更加灵活的学习方式,学习者可以根据自己的需求和兴趣选择不同的课程和学习内容。此外,慕课还具有更加丰富的教学资源和学习资源,可以帮助学习者更好地了解和掌握知识。

当然,慕课也存在一些挑战和问题。例如,由于学习者分布在世界各地,学习背景和语言文化存在差异,这给教学和交流带来了一定的困难。此外,由于学习者缺乏面对面的交流和互动,可能会导致学习效果不够理想。

总之,慕课是一种非常有价值的在线教育形式,它不仅可以提供免费的优质教育资源,还可以帮助学习者提高自己的能力。随着技术的不

第七章　语言文化理论观照下日语教学的创新模式

断发展和普及,相信慕课在未来会有更加广泛的应用和发展。

(二)日语慕课教学的设计

1.课程长度

研究表明,学生在观看教学视频时,其专注力通常只能维持10~20分钟。因此,在设计日语慕课课程时,需要考虑学生的注意力和学习动力。每周授课时数建议在2~3小时之间,每门课程总时数则为15~35小时。将视频内容分成8~12分钟的短单元,每个单元代表一个连贯的概念,这种方法可以帮助学生在学习过程中保持兴趣和集中注意力。

如果在线学习时间过长,可能会导致学习成效下降,学生可能会失去学习兴趣和学习动力。因此,将学习时间分散开来,每次学习时间控制在一定范围内,可以帮助学生更好地掌握知识。这种碎片化的学习方式可能越来越流行,因为现代人的注意力时长越来越短。

总之,日语慕课课程的设计需要考虑学生的学习动力和注意力时长。通过合理安排每周授课时数、视频内容长度以及碎片化的学习方式,可以帮助学生更好地掌握知识,提高学习效果。

2.教学视频的制作

(1)制作课程描述页

首先,课程名称、简短的课程描述、课程任务量等基本信息应该清晰明了。这些信息可以帮助学生了解课程的基本情况,从而做出更好的决策。

其次,课程简介、授课教师简介、课程大纲等详细信息应该尽可能的丰富,以帮助学生更好地了解课程。

最后,制作课程宣传片也是非常重要的。一个好的宣传片可以吸引更多的学生注册该课程。

通过精心设计的课程描述页面,慕课平台可以更好地吸引学生的注意力,提高课程的注册量,同时也为学生提供更好的学习体验。

（2）创建会话网站

为了创建高质量的线上课程，教师需要了解并掌握一些课程制作的技术。这样，他们才能更好地利用在线平台，充分了解其作用和局限性，以便更有效地设计和准备课程材料。

第一，熟悉会话网站。教师需要了解会话网站的功能和使用方法，包括如何上传课程材料、设置测验和编程作业，以及如何定制和调整会话网站的结构和内容。他们还需要学会使用各种工具和功能来方便地与学生进行交流和评估。

第二，创建课程的章。在创建课程时，教师需要将课程内容划分为不同的章，每个章代表一个概念或主题。他们需要为每个章添加相应的课程材料，如讲座视频、测验等，并设置每个章的上线和下线日期。

第三，设置课程的发布日期和状态。教师需要设定课程的发布日期和状态，以便合理安排课程进度和通知学生。他们可以一次性上传所有课程资源，也可以逐步上传，根据需要灵活调整。

第四，编辑课程材料。在上传课程材料后，教师可能需要对其进行编辑和修改。他们可以修改课程视频讲座、练习或编程作业等内容，但需要注意的是，修改后需要重新上传相应的材料。

此外，教师还需要注意一些其他事项。例如，他们需要确保课程材料的质量和准确性，以便学生能够正确理解和掌握课程内容。同时，教师还需要根据学生的学习特点和需求，合理安排课程内容和进度，并提供适当的指导和支持，以帮助学生更好地学习和发展。

（3）制作课程描述页

在准备好课程材料之后，教师可以按照以下步骤制作课程描述页。

第一，进入课程管理平台。教师需要登录到相应的课程管理平台，如 MOOC 平台等。

第二，添加课程材料。在课程管理平台上，教师可以添加已经准备好的课程材料，如课程视频、讲座、测验、编程作业等。

第三，填写课程描述页。在课程管理平台上，教师可以编辑课程的基本信息和详细信息，如课程名称、描述、教学目标、先修知识等，以便学生了解课程的相关信息。

第四，添加简历。教师可以添加自己的简历，包括教育背景、教学经验和相关成就等，以展示自己的专业能力和教学风格。

第五，添加其他教师和教学人员。在课程管理平台上，教师可以邀

第七章　语言文化理论观照下日语教学的创新模式

请其他教师和教学人员参与课程的教学工作。准许他们访问课程页面和相关材料，以便他们能够协助教学和管理。

第六，在会话网站添加课程材料。

通过以上步骤，教师可以制作出高质量的线上课程描述页，以便学生更好地了解课程的相关信息，提高课程的注册量和参与度。同时，教师需要注意更新和维护课程材料和描述页，以确保其准确性和时效性。

（4）准备课程讲座视频的材料

在视频开播之前，教师需要提前准备材料。在开播之后，教师也需要根据实际情况对视频进行调整。这有助于及时调整和改进课程，以满足学生的学习需求和期望。同时，教师还应该合理安排时间来准备和制作课程材料，确保其质量和准确性。通过持续改进和优化课程内容和材料，教师可以提高教学质量，增强学生的学习体验。

（5）课程制作的时间安排

在课程开始前的两个月，教师需要录制、编辑和上传课程材料。以下是具体的操作步骤。

第一，编写课程材料。教师需要准备相应的课程材料，包括文字、图片、音频和视频等内容。

第二，录制讲座视频。教师需要录制讲座视频，确保视频内容清晰、准确、生动，并且能够有效地传达课程知识。

第三，编辑视频。在录制完讲座视频后，教师需要对视频进行编辑和处理，以确保视频的质量和准确性。

第四，上传视频到慕课平台。将编辑好的视频上传到慕课平台上，以便学生能够观看和学习。

第五，上传相关的课程资源。教师需要上传与课程相关的其他资源，如作业、阅读材料、参考书籍等。

第六，为录制的视频创建嵌入式测验。在每个视频中嵌入测验，以便学生能够自我检测学习进度和掌握程度。

在课程开始前的一个月，教师需要编制课程评价的内容并管理会话网站。以下是具体的操作步骤。

第一，编写由机器自动评分的作业。教师需要准备一些自动评分的作业，以便学生能够进行自我测试和练习。

第二，为课程评价设置评分规则和截止期。教师需要设定评分规则和作业提交的截止日期，以便学生能够了解如何获得课程成绩。

第三,编写并发送欢迎邮件或公告。教师需要发送欢迎邮件或公告给学生,介绍课程的内容、安排和要求。

在课程开始之前的两周,教师需要对课程上线前的所有工作进行最后的检查和收尾工作。

在以上步骤都完成的情况下就可以录制课程讲座视频。

3. 作业与测验

教师在设计日语慕课教学时,可以利用在线平台的功能来有效地管理课程和评估学生的学习进度。

在日语慕课中嵌入小测验可以帮助学生保持注意力并测试他们的理解程度。这些测验题目通常不会计入学生的学习成绩,因此难度不宜过高,也不应涉及太复杂的延伸、演算或计算题。这样可以帮助学生在学习过程中保持积极性和参与度,并了解自己的学习进展。

除了嵌入式测验外,日语慕课教师还可以提供作业和进行测验。一个完善的慕课平台会提供完整的作业/测验功能,以便教师能够方便地布置作业、设置测验和收集学生的答案。

由于慕课通常具有开放式在线教学的特点,每个班级的学生人数可能非常多,因此教师或助教不可能一一批改每个学生的作业和测验。为了实现有效地评估,最理想的方法是利用计算机自动批改或同伴互评。

计算机自动批改可以利用算法和人工智能技术来快速准确地评估学生的作业和测验答案。这种方法可以减轻教师的负担,并提高评估的效率。

同伴互评是一种学生之间互相评估作业和测验答案的方法。它可以帮助学生互相学习、提高批判性思维和评估能力,同时也可以减轻教师的负担。

在实施同伴互评时,教师需要为学生提供指导和培训,以确保评估的准确性和公正性。此外,教师还需要监控整个评估过程,并对学生的评估结果进行抽查和监督,以确保评估的质量和有效性。

4. 讨论区

教师需要精心设计讨论区,以引导学生进行讨论并促进学习论坛的

第七章　语言文化理论观照下日语教学的创新模式

产生。选修同一门课程的学习者聚集在一个统一的时间段内进入课程讨论论坛,他们可以提出自己的疑难问题,也可以帮助其他学习者答疑解惑。

当有学习者提出问题时,先让其他学习者共同参与讨论。通过集思广益,可以促进学习者之间的互相学习和交流。经过讨论后,教师或助教可以提供正确答案,并对重点问题进行总结和解释。

三、翻转课堂教学

(一)翻转课堂与翻转课堂教学

翻转课堂是指重新调整课堂内外的时间,将学习的决定权从教师转移给学生。在这种教学模式下,课堂内的宝贵时间,学生能够更专注于项目的学习,共同研究解决问题,从而获得更深层次的理解。教师不再占用课堂的时间来讲授信息,这些信息需要学生在课前完成自主学习,他们可以看视频讲座、听播客、阅读功能增强的电子书,还能在网络上与别的同学讨论,能在任何时候去查阅需要的材料。教师也能有更多的时间与每个人交流。在课后,学生自主规划学习内容、学习节奏、风格和呈现知识的方式,教师则采用讲授法和协作法来满足学生的需要和促成他们的个性化学习,其目标是为了让学生通过实践获得更真实的学习。

翻转课堂教学模式主要包含以下内容。

1.任务导学

教师根据教学目标,精心设计预习和复习的任务,以引导学生进行课外的自主学习。通过设定明确的目标和路径,教师可以帮助学生更好地理解课程内容,并为课堂上的互动和讨论做好准备。

2.视频助学

教师根据教学大纲的要求,将知识点进行细致地划分,然后进行微课的设计和录制。这些视频通常的时长为 5~15 分钟,涵盖了三种不同的类型。

第一种类型是新知学习视频,主要用于学生在新课前进行预习。教师通过问题引导的方式,帮助学生了解即将学习的内容,并布置相关的预习任务,为课堂上的深入学习做好准备。

第二种类型是复习视频,主要用于学生在复习课前进行知识点的总结和梳理。通过回顾和总结之前学过的内容,学生可以巩固所学知识,并为课堂上的复习和讨论做好准备。

第三种类型是易错点学习视频,这类视频针对学生在课堂练习或考试中容易出错的难点进行解析。通过分析出错原因和纠正方法,帮助学生自主反思和提升,避免在以后的学习中再次出错。

3. 习题测学

教师定期发布在线习题,用以检测学生通过视频助学的学习效果。这些习题与学生的学习进度同步,以章节为单位,以便于学生进行及时的自我检测。每个章节结束时,再进行一次验收测试,以便于对比学生在不同阶段对知识的掌握程度。通过这种方式,学生可以及时了解自己的学习状况,发现并纠正理解上的偏差,同时也可以加深对知识的理解和记忆。

4. 活动与互动

根据不同的教学内容和学生能力发展的目标,教师可以设计各种不同形式的小组合作学习活动,以满足学生的需求和激发他们的学习兴趣。这些活动形式灵活多变,可以包括小组讨论、角色扮演、案例分析、团队项目等。通过小组合作学习,学生可以在互动中互相学习、互相帮助,提高团队协作和解决问题的能力。

5. 反馈评学

通过这种方式,翻转课堂实现了课外和课内教学的有机衔接和相互促进。教师可以更好地了解学生的学习需求和困难,及时调整教学策略和方法,提高教学效果;同时也可以帮助学生更好地掌握知识和技能,

第七章　语言文化理论观照下日语教学的创新模式

促进他们的全面发展。

6. 合作共学

首先,教师可以根据学生的特点和需求进行合理地分组,使得不同类型的学生能够相互搭配和互相补充。同时,在小组内进行明确的分工,让每个学生都能够承担一定的任务和责任,这样可以培养学生的责任感和团队合作意识。

其次,教师可以通过制定过程监控策略,及时掌握学生的学习情况和进度。通过及时给予指导和帮助,教师可以帮助学生克服困难,提高学习效果。

最后,教师可以通过组织小组内的交流和讨论活动,鼓励学生相互学习和分享经验,促进小组内的共学互助。同时,教师也可以根据学生的学习情况进行评价和反馈,及时表彰优秀的小组和个人,激励更多的学生积极参与小组合作学习和讨论。

7. 竞争检测

在翻转课堂中,学生通过课前观看教学视频和完成预习任务,自主掌握学习进度和节奏,将知识传授过程从课堂转移到了课前。课堂上则主要进行知识内化,包括小组讨论、互动交流、答疑解惑等,以深化学生对知识的理解和应用。

这种教学模式使得师生角色发生了显著变化。在翻转课堂中,学生成为学习的主体,积极参与预习、课堂讨论和互动等活动,对自己的学习负责。而教师的角色转变为学生学习的指导者。

此外,翻转课堂重新规划了课堂时间的安排,改变了传统教学模式中以教师讲授为主的策略。在翻转课堂中,课前预习和课堂讨论的时间比例可以根据实际情况灵活调整。课堂上不再是一味地听讲,而是更加注重学生的参与和互动,给予学生更多的思考和实践的机会。

(二)日语翻转课堂教学的设计

日语翻转课堂教学的教学步骤具体如下。

1. 课前准备阶段

（1）教师活动
①分析日语教学目标。在日语翻转课堂中，教学目标的明确非常重要。教师可以根据学生的实际情况和教学目标，结合教学内容和视频内容，制定具体的学习任务和作业，以帮助学生更好地理解和掌握学习内容。同时，教师还可以根据学生的学习情况及时调整教学策略和方法，以提高学生的学习效果。
②制作日语教学视频。

第一，确定教学目标。在制作教学视频之前，需要明确每一节课或每个单元的教学目标，以确保视频内容与教学目标相符合。

第二，做好视频录制。录制日语教学视频时，需要注意以下几点。

内容要简洁明了：录制视频时要确保内容简洁明了，重点突出，避免冗长和无关的内容。

讲解要生动有趣：讲解时要注意语速适中，语言生动有趣，尽可能地吸引学生的注意力。

演示要清晰明了：演示操作时要清晰明了，注意细节，确保学生能够清楚地了解操作流程。

第三，做好视频编辑。在录制好视频后，需要进行剪辑和编辑，以确保视频的质量和效果。教师可以利用视频编辑软件进行剪辑和编辑，包括剪辑掉冗余的部分、加入字幕、调整音量等。

第四，做好视频发布。在完成视频制作后，需要将视频发布到学生可以访问的地方，以便学生观看。教师可以将视频上传到学校网站、班级群等地方，也可以将视频刻录成光盘或U盘发放给学生。

（2）学生活动
①观看教学视频。教师制作教学视频可以帮助学生更方便地进行学习。对于学习速度快的学生，他们可以快速地观看视频；而对于学习进度慢的学生，可以根据自己的实际情况让视频停顿，以便更好地理解和掌握知识。

②做适量练习。学生观看完教学视频后，需要完成教师布置的针对性课堂练习，以便更好地调整教学策略和方法。这些练习可以是针对视频中所学知识的巩固和提高，也可以是引导学生从旧知识向新知识过渡

第七章　语言文化理论观照下日语教学的创新模式

的桥梁。通过完成练习,学生可以加深对视频内容的理解和掌握,同时也可以发现自己的不足之处,及时进行弥补和提高。

2. 课中教学活动设计阶段

(1)确定问题,交流解疑

在开始阶段,教师需要针对学生观看的视频和通过网络交流平台反映出来的问题进行解答和引导,这有助于及时解决学生在学习过程中遇到的问题,帮助他们更好地理解和掌握知识。

学生通过观看教学视频,可以自主安排学习时间和地点,根据自己的学习节奏和方式进行学习,这样可以提高学生的学习积极性和自主性。同时,学生在观看视频的过程中,可以随时暂停、重播或做笔记,以便更好地理解和记忆知识。

通过网络交流平台,学生可以与教师和同学进行探讨和交流,这有助于促进他们的思维能力和合作学习能力的发展。学生可以提出自己的疑惑点,与他人进行讨论和交流,这样可以激发他们的学习兴趣和热情,同时也可以帮助他们更好地理解和掌握知识。此外,学生还可以通过交流平台与同学进行合作学习,共同解决问题,提高学习效果。

(2)独立探索,完成作业

独立学习的能力无疑是现代社会中至关重要的一项能力。具备这种能力的学生能够更好地适应不同的学习环境和任务要求,更加主动地掌控自己的学习进程,从而取得更好的学习效果。翻转课堂作为一种现代化的教学模式,其重要特点就是为学生提供了个性化的学习环境。在这样的环境中,学生能够根据自己的学习节奏、风格和兴趣进行学习,从而更好地培养和提升独立学习的能力。

在日语翻转课堂中,学生需要独立完成教师布置的作业和科学实验。这可以促使学生进行自主思考、自我管理、自我决策等,从而进一步促进他们的自主学习能力的发展。通过这种方式,学生不仅能够获取知识,更重要的是能够掌握如何学习的能力,这是他们终身学习和未来发展的重要基础。

在独立完成作业的过程中,学生需要审视自己理解知识的角度,建构知识的结构,完成知识的进一步学习。这不仅需要学生具备一定的自我认知和知识管理能力,还需要他们能够自主地规划学习路径、安排学习时间、整理学习笔记等。这些都是独立学习能力的核心要素,对于学生的自我发展和成长至关重要。

通过逐渐积累独立学习的经验,学生可以在独立学习中构建自己的知识体系。这是一个从被动学习到主动学习的转变,也是学生逐渐成为自我学习的主人的过程。这样的经验不仅有助于学生在学校的学习,也将对他们的一生发展产生深远影响。

(3)合作交流,深度内化

在日语翻转课堂中,学生通常被分成小组进行合作学习,这种小组形式有助于学生之间的交流和互动。通过独立探索阶段的学习,学生可以与同伴分享自己对知识的理解,这种合作学习方式可以实现交往学习,让学生在与他人的对话、交流、讨论等学习活动中开展学习过程。这种合作学习方式有很多益处。

首先,它可以促进学生的交往能力、合作能力和自我认知的发展。在小组合作中,学生需要学会与他人交流、讨论、协商和解决问题,这可以锻炼他们的沟通能力和合作技巧。同时,通过与他人的互动和交流,学生可以更好地认识自己,了解自己的优点和不足,从而促进自我认知的发展。

其次,这种合作学习方式也可以帮助学生更好地理解和掌握知识。在小组讨论中,学生可以就自己不懂的问题向同伴请教,同时也可以帮助其他同学解决问题。这种互相帮助、互相学习的过程可以加深学生对知识的理解和记忆,提高学习效果。

此外,小组合作还可以培养学生的创新思维和批判性思维。在小组讨论中,学生需要就问题进行深入地思考和分析,提出自己的观点和见解,同时也要对他人的观点进行评判和批判。这种思维过程可以帮助学生发展自己的创新思维和批判性思维,提高解决问题的能力。

(4)成果展示,分享交流

在日语翻转课堂教学模式下,学生在经过独立探索和合作交流后,通常会完成个人或小组的成果。这些成果可以以多种形式进行展示和交流,如报告会、展示会、辩论赛或小型比赛等。在这些活动中,学生可以分享自己的学习心得和体会,通过交流彼此的智慧火花得以碰撞,从而促进更深层次的学习和理解。

在交流中,学生可以学习到其他学生或小组的优点和长处,明确自己的优势与不足。这种互相学习和借鉴的过程可以帮助学生更好地认

第七章 语言文化理论观照下日语教学的创新模式

识自己,发现自己的潜能,同时也可以促进他们的自我反思和自我管理能力的发展。

此外,通过展示自己的成果和听取他人的展示,学生可以锻炼自己的表达和沟通能力。他们需要清晰地阐述自己的观点和想法,同时也要学会倾听他人的观点和意见。

第二节 AI 技术在日语教学中的应用

一、人工智能在教育领域中的应用

人工智能在教育领域的应用已经逐渐普及,并带来了许多创新和改变。以下是人工智能一些主要的应用。

(一)自适应教育

自适应教育是人工智能在教育领域的重要应用之一。它通过分析学生的学习情况和需求,自动调整教学策略和内容,以提供更加个性化的学习体验。这种教育方式可以更好地满足学生的需求,提高学习效果。

(二)智能辅助教学

智能辅助教学是一种利用人工智能技术来辅助教师进行教学的方式。它可以自动生成教学计划、提供学习资源、评估学生的学习成果等。这种辅助教学方式可以提高教师的教学效率和质量,同时也可以帮助学生更好地理解和掌握知识。

(三)机器学习平台

机器学习平台是一种利用人工智能技术来提供学习支持的平台。它可以为学生提供大量的学习资源和在线课程,同时也可以根据学生的学习情况和需求,提供更加个性化的学习建议和指导。

（四）智能评估和反馈

智能评估和反馈是人工智能在教育领域的另一个应用。它可以对学生的作业、考试等学习成果进行自动评估和反馈，同时也可以根据学生的学习情况和表现，提供更加个性化的学习建议和指导。

（五）智能教育资源

智能教育资源是一种利用人工智能技术来管理和优化教育资源的方式。它可以为学生和教师提供更加便捷、高效的教育资源获取方式，同时也可以根据学生的学习情况和需求，提供更加个性化的学习建议和指导。

二、人工智能技术在日语教学中的具体应用

（一）机器翻译的应用

1. 机器翻译和人工翻译的关系

随着科学技术的发展，机器翻译取得了显著的进步。在面对加急处理的文件以及原文中庞杂的信息时，人工翻译工作者很难做到在短时间内高质量地产出译文，此时机器翻译速度快、成本低等优势就能够体现出来了。另外，当原文涉及医疗、金融、科技等具有专业性的知识时，对译者各方面的知识储备要求很高，而译者的语言能力是有限的，因此翻译起来会比较吃力，而机器翻译基于庞大的语料库，能够快速且准确地对专业词汇做出翻译。

然而，机器翻译也仍然存在很多局限性。按照严复先生提出的"信达雅"的翻译要求和原则来看，目前机器翻译的水平基本上只能达到"信"，而在"达"和"雅"层面显然不能与人工翻译相提并论，这也是制约机器翻译发展的瓶颈。

第七章　语言文化理论观照下日语教学的创新模式

而人工翻译能够在理解的基础上进行翻译,会考虑到不同语言在习惯表达上的差异,能更准确地翻译双关语、隐喻、口号等,译后还需要进行检查、修改,以确保译文达到最高的准确率。充分认识机器翻译和人工翻译各自的优劣有助于我们更好地利用机器翻译。在翻译过程中,译者可以充分利用机器翻译的提示功能,借鉴和参考机器翻译的词汇、术语、句式或在机器翻译的基础上进行审查、修正、润色。机器翻译出现明显错误的地方,译者更需谨慎处理、反复推敲,从而做出准确清楚地表述。基于机器翻译提供的大数据情报,译者可以进行分析对比,呈现出更好的译文。这也就是我们所熟知的译后编辑。在译后编辑的过程中,译者可以利用机器翻译的回译核查功能,使用机器翻译对译文进行回译,对译文进行核查。而人工修改后的译文,可以重新交给机器进行学习,充实语料库,进一步提高翻译质量。

不可否认,机器翻译正在不断地进步和发展,它的便捷性、高速度和低成本不可忽视。机器翻译的发展确实给翻译行业带来了一定的冲击,很多人在对机器翻译相关知识一知半解的情况下就对"机器翻译将取代人工翻译"的言论过于焦虑。作为语言学习者,应正确认识机器翻译,人机协同作业将成为行业的新趋势。虽然机器翻译存在很多局限性,缺少人类的内心情感与对语言的理解能力,翻译结果的可信度仍有待提高,但它能够在多个方面给译者提供一些有价值的参考,发挥提示、回译核查作用,进一步促进人工翻译的效率和质量,而人工翻译也为机器翻译提供了越来越多的语料,以促进机器翻译的进一步发展。

2. 机器翻译平台的改进

为更好地实施基于机器翻译平台的翻译教学和译后编辑能力培养,平台可在以下几个方面进行改进。

首先,翻译材料需要仔细筛选,搭建机器翻译素材库。开展基于机器翻译的译后编辑自主学习,需要在教学前积累和搜寻大量相关资料。对于机器翻译教学来说,形成一个充足的、科学的语料素材库意义十分重大,这需要老师们的共同努力。同时,学生们也表示希望平台增加具有一定规模的、可供其自主学习的翻译题库,在素材库充足的情况下学生可以根据自己的水平选取适应的语料来训练。最后,希望平台通过高频错误数据分析,针对学生翻译练习中出现的高频错误推送更多相应的素材练习,提高自主学习效率。

其次,可优化平台作业反馈方式和数据显示,建设评论区和优秀作业展示区。教师需要针对性地给予每位学生作业批阅和个性化评价。不同的学生学习水平和学习特点具有差异性,教师在进行作业批改时给予个性化的标签和辅导尤为重要,因此可搭建属于每位学生的个性标签库,使批阅反馈更具个性化,提高学生的兴趣和积极性。在反馈多样化方面,除了传统作业打分,教师可建立自己的个性化点评库,特别是通过正面评价标签的使用激发学生的积极学习情绪,提高学生的学习兴趣。平台可优化界面,保证学生提交译文后能立即看到参考译文。同时,在看到教师反馈之后可进行修正,可以再次提交修改后的译文。建设在线交流论坛区方便师生互动,可在论坛区公布每次作业的班级平均分和最高分,有助于学生更好地解读自己的分数,同时放上班级优秀学生的作业,可形成良好的学习氛围,激励学生认真翻译学习,争取下次做得更好。

最后,可将机器翻译平台的自主学习与教师面授总结相结合,开展混合式教学。在基于计算机辅助翻译的译后编辑自主学习能力培养时,应避免机器翻译平台在自主翻译学习中喧宾夺主。值得注意的是,计算机辅助翻译平台的自主学习成效较好,但是对于班级后进生仍需要教师进行面对面的知识点讲解才可以取得更好的效果。因此在条件允许的情况下,教师可面授讲解高频错误点和重要的知识点,通过此混合式教学方法可以更加及时高效地避免机器翻译的负迁移作用,也让学生进一步加强知识点的巩固和吸收。

与此同时,教师定期给学生以教学目标和学习计划的指引可以更好地激发学生的自学能力。教师也需要鼓励学生定期复习和进行笔记整理。在学习过程中适当地引导学生进行周总结和月度总结,对于个人常见的错误标签进行整理和归纳学习,及时调整学习状态和自学策略。

(二)聊天机器人的应用

1. 聊天机器人

现今我们的日常生活已经越来越离不开智能语音服务了,无论是微

第七章　语言文化理论观照下日语教学的创新模式

信语音信息、智能手机语音助手,还是以"小度小度"为代表的智能音箱,这样的聊天机器人的对话能力,是基于对网络上海量的公开数据的挖掘而来。不同于早期的专家系统的训练,即教人工智能说话,今天的聊天机器人依赖于人工神经网络技术,人机对话的算法是在网络数据中摸索而产生的,从而在面对各种奇谈怪论时,提供人性化的应对措施。

2. 聊天机器人在日语教学中的运用

(1)使用聊天机器人开展日语语言训练的优势

在互联网上,组织学生使用机器人开展日语语言训练的第一个优势是使用方便,成本较低。任何人,只要有上网条件,打开网络浏览器,输入Chat GPT,就可以找到聊天机器人免费聊天。其次,用日语与机器人聊天比与人交流更轻松自在。在它面前,练习者用不着紧张害羞,不用担心说错话,也不用为过多占用了别人的宝贵时间而感到内疚。谈话的内容由练习者自己决定,谈话的节奏也根据练习者的需要。再次,聊天机器人有着无穷的耐心和用不完的精力。它可以不厌其烦地回答各种各样问题,甚至是重复性问题。交流过程中,它不会因练习者的表达速度慢而流露不满,也不会因练习者表达不清而不耐烦。它总会千方百计地猜测练习者的本意,给出不同凡响的精彩回答。聊天机器人的回答和表现可以极大地调动学习者的兴趣,增强练习者使用日语进行交流的信心。最后,与机器人聊天能够为日语语言学习者提供练习各种各样日语句型结构和词汇的机会。例如,日语学习过程中会碰到一些俚语或禁忌语,这些语言是日语语言不可或缺的一部分,学生必须能够理解。但是,在正常时候这些语言是没有练习机会的(即使有说日语母语的人在场也不行)。如果去跟聊天机器人交流,就不会出现令人尴尬的局面,避免了对其他人的伤害。

(2)将聊天机器人应用于日语教学中的尝试

聊天机器人为日语语言训练提供了一种新的思路。首先,给学生讲解聊天机器人使用方法。保证每一名学生都能够在网络上找到它,并能够与它用日语进行交流。其次,结合日语课堂所学内容为学生制订出"大学生活"这一谈话主题。在复习总结课本上的内容后,引导学生利用"头脑风暴"的方法,最大限度地收集与大学生活密切相关的词汇和句型,为网络聊天准备比较充实的词汇基础。之后提出明确的聊天要求,即一周之内由学生自由进行网上聊天(文本形式),必须保证自己能够表达200句以上,并且语句重复率要低于10%。[①]再次,学生上网后,根据题目要求,自由交谈。网上交谈的时间不作要求,但必须完成规定的语言交流量。并且要把聊天记录保存在以自己的学号命名的word文档中,之后用附件的形式在规定的时间里发送到教师的邮箱中。然后,学生要对自己交流过程中使用的语言,包括单词拼写、语法结构、句型等进行自查分析,也可以请其他同学帮助检查。找出从聊天机器人那里学到的新词和句子表达,为自己的网上交流表现作出评价。教师对学生的交流记录进行抽查。将3名学生的聊天记录在课堂上进行了点评,尤其强调了交流过程中学生表达方面的精彩词汇和句型。同时也希望学生将各自认为比较好的词、句公布在班级交流版上进行交流。

第三节　AR技术在日语教学中的应用

一、增强显示技术(AR技术)简述

增强现实(Augmented Reality),简称AR,也被称为"扩增现实",是指把现实世界中某一区域原本不存在的信息,经过模拟仿真后再叠加到真实的世界从而被人类所感知的技术。通俗地讲是一种实时计算摄影机影像的位置及角度,并加上相应的图像的技术。这种技术通过计算机科学技术仿真,将现实世界特定时空中难以体验到的信息与现实场景叠加到一起,被人类感官所感知。[②]可以实现AR体验的硬件主要包括移动手持式设备、头戴式显示器、智能眼镜及空间增强现实显示设备等。AR技术有三个突出特点,分别为虚实结合、实时交互和沉浸式体验。

(一)虚实结合

虚实结合是AR技术最大的特点,也是区别VR技术与AR技术的

---

① 余伟康.个性化、自主式学习环境的创建[J].外语电化教学,2006(01):71-74.
② 李婷婷.UnityAR增强现实开发实战[M].北京:清华大学出版社,2020.

第七章 语言文化理论观照下日语教学的创新模式

重要特征。利用计算机技术生成图像信息,通过传感器将生成的图像信息映射在预定好的现实场景的位置,通过屏幕呈现给用户一个虚实结合的新环境。AR 这种呈现方式,一方面可以借助环境的事实存在的优势,一方面可以借助虚拟信息构筑灵活性的优势,不仅可以免去传统情景构建所需要的费时费力的工作,而且能够将虚假的情景与现实结合更加紧密,从而使教学资源的制作形式更加多样化,延展了教学资源建立的渠道。

(二)实时交互

AR 技术功能之一就是将虚拟世界与现实世界实时同步。用户可以通过设备在 AR 构建的世界里,将虚实信息结合起来判断,实时交互。例如,"高德地图"之类的导航 App,就加入 AR 导航的功能,用户可以通过智能移动设备进行旋转位置或者其他触屏操作,获得道路的指引信息。要实现实时交互的功能,就要求实时的"三维准配",即随着设备移动或转动,所获得的现实图像视野发生变化,根据三维注册的定位,AR 所生成的信息也随着发生变化。利用 AR 技术的这种交互特征,可以将教材中的图片通过 AR 相机进行识别,生成相应的三维模型。学生通过调整图像在 AR 相机中的位置,进而可以改变模型在 AR 相机里的视角,可以实现实时、全方位地观察模型,从而培养学生的空间思维能力。

(三)沉浸式体验

沉浸感是 AR 技术和 VR 技术共同的特点,给用户带来身临其境的感受,基本做到真假难分,让人融入和沉浸在其中。沉浸式体验是上述两个特点带来的结果,对于教学来说创造一个让学生专注学习的情境十分重要。在传统的情景式教学法中,教师都是通过图像、视频、语言描述等方式来构造学习情景,而 AR 技术能构造更加直观的学习情景,免去了传统方式构造的学习情景进入学生思维二次加工的步骤,提高了学生学习的专注度,让学生进入心流的学习状态。

二、AR 技术在日语教学中的具体应用

在日语教学中采用的 AR 教学资源辅助的支架式教学策略由以下五个步骤组成。

（1）构建概念框架，根据学习主题，利用 AR 教学资源建立符合学生最近发展区要求的概念框架，为学生学习打下基础。

（2）创设情境，使用 AR 技术带领学生进入教学情境，激发学生学习兴趣，提高学习效果。

（3）自主探究，通过分组小任务让学生自主探究，并进行启发引导、演示或介绍概念。教师巡视指导，适时提醒，帮助学生建立概念或知识的框架，最终达到学生能自由、自主地在框架中继续攀升的效果。

（4）协作学习，教师发布学习任务，小组利用 AR 教学资源进行讨论，完成该任务，并在课堂上进行展示，促进学生之间的交流和互动。

（5）效果评价，自评和他评结合，最终由教师进行点评。教学结束后进行总结性评价，以期提高教学质量和效果。

第四节　VR 技术在日语教学中的应用

一、虚拟现实技术简述

虚拟现实（Virtual Reality），又称为灵境技术，简称 VR，是 20 世纪发展起来的一种崭新的计算机网络技术，它可以通过数字的形式，虚拟出一个逼真的空间。虚拟现实技术通过计算机技术、电子信息技术、虚拟仿真技术等，为用户提供高沉浸感的内容，被广泛应用在多个领域，随着科学技术的进步，虚拟现实技术也取得了长足的发展，并逐渐成为科技领域的风向标。

在理论上，虚拟现实技术是一种能够创造和体验虚拟世界的电脑仿真系统，它通过电脑产生的仿真环境，可以为使用者提供沉浸式、多感知、交互性体验的三维动态世界，并可以融入其中进行实体行为的虚拟

第七章　语言文化理论观照下日语教学的创新模式

仿真系统。虚拟现实技术通过数字设备,把生活中各种各样的数据转化成可以被人真切感知的对象。也可以是通过 3D 建模技术将脑海中想象的事物呈现出来,因为不是直接可以看到和触摸到的,而是通过数字技术模拟出来的真实的世界,所以被称为虚拟现实。

虚拟现实技术越来越受到人们的认同,使用者可以根据与现实世界难识别的模拟环境的真实性,体验到虚拟现实世界中最真实的情感,令人感知它。与此同时,虚拟现实具有听觉、视觉、触觉、味觉、嗅觉等感知系统,具备所有的感觉功能,最终拥有真正实现人机互动的超强仿真系统,让人在操作过程中随心所欲,获得最真实的反馈。

二、虚拟现实技术在日语教学中的具体应用

(一)"虚拟现实技术 + 日语任务教学法"课前准备阶段的设计

在基于"VR+任务驱动教学法"的中职实训教学过程中,课前准备阶段,教师的主要活动之一是进行任务的设计。

任务的设计是教师的课前准备阶段的关键性工作。结合 ARCS 动机模型中的 R(Relevance 相关)要素,任务设计要与知识点相关联,并结合学生实际学习情况,确保学生可以完成任务。因此,这个工作要在教学内容分析、学情分析、教学目标分析的基础上进行。

首先要进行教学内容的分析,这可以明确知识点之间的关联性、知识点与实际生活的关联性、知识点的难度等方面,进而选取合适的内容作为本节课的知识要点进行教学。而后进行学情分析,充分了解学生的前置知识与技能基础、学习态度等方面,进而可以明确知识点的讲解的轻重缓急。最后,进行教学目标的分析,提炼出注重学生认知的知识目标、突出学生能力训练的技能目标,更重要的是要有效融合思政元素,提升学生的情感态度价值观,培养德智体美劳全面发展的技能型人才,进一步明确学生在本次教学中的培养方向。

（二）"虚拟现实技术＋日语任务教学法"课中实施环节的分析与设计

1. 教师的教学与评价环节

基于"VR+任务驱动教学法"的中职实训教学过程中的课中实施阶段，教师主要进行任务的导入与发放。

第一，创设情境，任务导入。情境的创设是课中实施的开始阶段，教师在创设情境进行任务导入时，根据ARCS动机模型，教师应重视R（Relevance相关）要素，要将任务情境与知识点相关联，与实际生活和工作相关联，使得学生可以将理论和实际结合，有效内化知识。

第二，知识要点的讲解与展示。对于知识要点的讲解与展示，根据ARCS动机模型，在此阶段教师应重视R（Relevance相关）要素，串联知识点，遵循由易到难的原则。除此之外，教师还可以利用课前所准备的VR场景，展示一些抽象立体的知识点，指导学生进入VR场景进行观察。根据建构主义学习理论与具身认知理论，学生在VR虚拟环境中，通过多重感官的刺激所产生的体验，在情绪上促进学生的共鸣，可以帮助学生将自身的认知系统与环境融为一体，并可以促进学生在已有的知识经验上建构起新的知识经验。

第三，任务发布与答疑指导。在任务相关的知识点讲解完毕后，教师即可发布任务，并需要在学生分析任务时，及时地对学生提出的问题进行答疑解惑，对学生制定的任务方案进行答疑指导，适时指出任务方案的不足之处，确保学生能够朝着正确的方向完成任务。

第四，教师的过程性评价。在上述过程中，教师要注意观察记录学生的各方面，以此作为教师过程性评价的支撑性材料。在基于"VR+任务驱动教学法"的实训教学过程中，教师要注意使用过程性评价。过程性评价是在教学过程中为了解学生的学习情况，及时发现教学存在的问题而进行的评价。教师可以通过建立课堂观察表等方式进行过程性评价，评价内容包括学生的表现、态度、情感以及取得的成绩等。

第七章　语言文化理论观照下日语教学的创新模式

2. 学生的任务探究与评价环节

课中实施阶段,学生的主要活动是任务的探究。

第一,VR 漫游观察,了解相关性(R)。在教师进行知识点讲解与展示时,学生可不断地进入教师所设置的 VR 场景,通过沉浸式观察,建立起对抽象立体知识的理解,有利于学生对任务方案的分析。整个过程中,学生通过感受、观看、活动、思考,即可以将教师的讲解与知识点相联结,也有利于新旧知识经验的联合,即促进了 ARCS 动机模型中的 R(Relevance 相关)因素。

第二,接受分析任务,制定任务方案,了解相关性(R)。在教师进行知识点讲解与展示时,分发任务后,学生需要在教师的指导下,以小组合作或个人的形式,分析任务与本节课教师讲解的知识点之间的关联,并联合以往的知识经验,制定任务的解决方案,这个过程促进了 ARCS 动机模型中的 R(Relevance 相关)因素。

第三,学生通过任务分析制定方案后,首先需要通过 VR 设备,进入教师设置好的 VR 场景,进行任务方案的验证。在此过程中,由于 VR 的沉浸性和交互性,学生可将注意力集中在实训操作上,感受真实情境,验证任务方案。同时由于 VR 实训场景具有可以快速初始化的特点,在教师的指导下,学生对任务方案的修改验证的次数得到了增加,增强了学习体验,使学生获得了自信心,即促进了 ARCS 动机模型中的 C(Confidence 自信)因素,加速了学生对知识点的内化。

第四,实际场景实训,验证任务方案,获得自信心(C)。基于"VR+任务教学法"的实践教学过程中,特别是日语实践教学,学生对任务方案的验证,还要在课中阶段,在教师的带领下,进入实际场景中进行实践,验证任务方案。由于在 VR 虚拟实训场景累积的操作经验,学生进行实际场景实训时,错误操作率可大幅减少,使学生获得了自信心,即促进了 ARCS 动机模型中的 C(Confidence 自信)因素,同时避免了教学时间和成本的浪费。

第五,学生过程性评价。在上述过程中,学生还需要在教师的指导下,通过任务评价表的填写等方式,进行小组互评和学生自评,以此来不断反思自己在任务完成过程中的不足之处,进行及时地改正。

（三）"虚拟现实技术＋日语任务教学法"课后反思环节的分析与设计

（1）教学反思与评价反馈。课后阶段对于教师而言，主要是进行教学反思，通过填写反思记录表等方式，及时记录在任务实践过程学生出现的问题、本次教学实践中的突发情况等内容，及时进行调整。同时，还要对学生的学习成果通过任务评价表等方式，进行及时的评价与反馈，使学生获得满足感，即在此阶段教师应该重视 ARCS 动机理论中的 S（Satisfaction 满意）要素。

（2）学生的课后巩固。在课后阶段，对于学生而言，主要是对知识进行查缺补漏以及操作技能巩固练习。这一阶段中，学生可利用 VR 快速便捷地实现任务方案的复现，配合教师及时评价反馈，使学生获得满意感，即促进了 ARCS 动机模型中的 S（Satisfaction 满意）因素。

第八章 语言文化理论观照下日语教师的文化意识培养

文化意识是运用日语进行恰当交流的必要因素,文化意识的内容标准也给日语教师带来了很大的挑战,为了提高学生运用日语进行学习的能力,日语教师必须具有较高的文化素养、较强的交际能力、较强的教学组织能力等等。本章从日语教师的角度入手,对日语教师教学中的文化意识体现进行有效地分析和总结,切实了解日语文化教学实施的障碍,对文化意识内容标准有更深刻的认识。

第一节 文化意识与文化意识培养

一、文化意识

托马林于1998年首次阐释了"文化意识"这一概念,他认为,"文化意识"是指一个人理解和感知另一个国家及其文化的能力,这种能力有助于个体深入认识并解读该国的文化现象。

在本书中,我们探讨的文化意识是基于课程标准的定义。新的课程标准明确指出,日语学科核心素养由四项基本能力构成,分别是语言能力、思维品质、学习能力以及文化意识。

李红恩认为,"文化意识"反映了一个人或事物在价值观念、思维方式及行为方式上所展现的精髓、气质、风格及特性。它不仅界定了文化属性,还体现了价值取向。课程标准进一步明确了文化意识的内涵,它是指对优秀文化的认同和中外文化的理解,表现为学生在全球化背景下所具备的跨文化认知、态度及行为倾向。

通过学习文化知识、分析文化行为，学生能够形成文化价值判断、体验文化情感并确立文化态度。在新课程标准的核心素养框架下，文化意识的实质内涵的起点在于培养学生文化意识的实践路径和基础。

相较于日语学科，英语学科在文化意识的相关文献理解上更为深入。英语教学特别强调并注重学生文化意识的培养，两者相互渗透、融合。文化意识的首要目标是让学生获取文化知识，这是形成跨文化意识、培养人文和科学精神、坚定文化自信的重要知识来源。

文化知识涵盖物质和精神两个层面。物质层面涉及饮食、衣着、建筑和运输等，及其相关的发明创造；精神层面则包括教育、科学、哲学、文学、历史、艺术，以及价值观念、道德修养、审美情趣、社会规范、习俗等。综上所述，文化意识的核心能力不仅包括对文化现象和情感态度价值观的理解，还涵盖了对语言背后的文化传统和社会现象的认识，从而形成个人的文化价值和立场，以及选择、传播本国优秀文化的能力。

二、文化意识培养

要培养文化意识，首要任务是明确文化的定义并深刻理解其内涵。文化，作为外语教学和学习的核心内容，涵盖了语言、文化和历史等多个维度。它对于提升学生的语言掌握能力、增强文化意识以及深化对跨文化交际的理解具有重要意义。尽管文化对语言的影响不如词汇显著，但文化的深层次特征，如社会文化、价值观念、传统习俗等，均在语言中有所体现。这些特性在语言上可能容易被忽视，但对人类交际的影响却极为深远。

在跨文化交际中，语言素养、专业素养和文化素养均不可或缺。不同文化间在价值观、生活方式、思维模式和社会规范等方面存在显著差异，这些差异还受到宗教信仰、传统习俗和宗教礼仪等因素的进一步影响。因此，学习一门语言并培养交流能力，实质上是在培养文化意识、接受特定价值观、重塑人格和形成特定思维模式，以便更好地理解和融入不同文化。

深入了解本国文化，有助于我们传递高质量信息并促进国际交流；了解他国文化，则能帮助我们准确理解并把握各国间的差异。在认识到文化差异后，我们才能选择出共同认同的方法，以更好地达成共识。因

第八章　语言文化理论观照下日语教师的文化意识培养

此,在外语教学中融入文化教育至关重要,这有助于学习者更好地理解文化差异,培养他们的文化自信和跨文化交流意识。

教育者在此过程中扮演着关键角色,他们需要具备基本的文化素质,以有效地传授文化知识,并帮助学生掌握跨文化交流的技巧。此外,加强跨文化交流中的沟通和理解,以及培养学生的正确表达能力,也是实现有效交流的关键。

综上所述,深入理解文化内涵是培养和增强文化意识的前提和基础。只有深刻领会文化的内涵,我们才能真正感受到其力量和魅力,进而发掘文化的价值。这为我们更好地继承与发扬中国传统文化,发挥其更大作用提供了重要指导。

第二节　日语教学中教师文化意识的培养现状

一、教师文化意识培养认识欠佳

在现行教育制度下,教师担负着主导教学的责任。然而,受应试教育的影响,教师在教授过程中往往强调学生对语言知识的掌握和整体成绩的提升,相对忽视了文化知识的重要性。因此,学生普遍在文化学习上的投入时间较少。此外,受先入为主的主观观念影响,学生在理解中日文化时容易产生偏差,对文化本质的认识不够深入。更重要的是,学生对中日文化的理解意识相对薄弱,缺乏对不同文化差异的鉴别能力。针对一些著名的地名或作家,学生的了解程度并不理想,这反映了文化教育的不足。

（一）文化意识提升水平不够

目前,部分教师在课程标准中对于文化意识的理解尚显不足,未能全面把握其深层含义。在授课过程中,他们通常仅停留在对课文相关文化知识的表层解读或简单的对比分析上,而未能在备课时有意识地融入文化意识的培养。此外,这些教师对于课程标准中提出的文化意识三个维度——尊重与包容、认同与传播——的理解和执行也未能达到理想状态,往往仅停留在感知与比较的层面。由于教师自身文化素养的不足和文化知识储备的欠缺,他们在课堂上难以有效渗透教材中的文化元素。因此,有必要加强对教师的文化意识培养,提升他们的文化素养和知识储备,以确保教学质量和效果。

(二)文化意识培养观念不足

在当前教育体系中,许多学生选择学习日语作为提高英语能力不足的一种策略。然而,当前的教学模式主要侧重于语言知识的传授,而教师的文化意识相对薄弱。教师在授课时,通常仅对语言点进行解释,却未充分关注日语中的文化内涵,导致学生难以深刻理解教材中的文化要素,进而影响了他们掌握日语表达方式和习惯的能力。因此,教师在教学过程中应当加强对日本文化意识的培养,以提升学生的学习效果和能力。

另外,当前学生的学习重点多集中在语言知识的考核上,对文化知识的评价则相对忽视。这种倾向导致学生在学习过程中无法全面理解文化,也限制了他们潜能的发挥。更重要的是,这种情况可能会对学生的就业能力产生不利影响,限制他们未来的职业发展。因此,有必要在教学和学习过程中加强对文化意识的培养和评价,以促进学生的全面发展。

二、教师文化意识培养程序功利化

(一)教学目标虚化

教师在教育事业中,肩负着全方位关心学生身心发展的重要使命。然而,当前存在一种"功利主义"倾向,导致教育领域出现了"重智轻德"的现象。教师在教学实践中,未能充分遵循教育规律,坚守自己的信仰和教育理念。这种现象的根源在于教育过程中普遍存在的功利心态,它阻碍了教师按照教育规律开展教学工作。为了促进学生的全面发展,教师需要创造更为复杂多样的教育情境与环境,通过"迂回"的教学方式,培养学生的思维能力和综合素质。同时,教师不应仅仅关注学生的学业成绩,更应重视背后文化意识的培养,以促进学生全面而均衡的发展。

第八章　语言文化理论观照下日语教师的文化意识培养

（二）教学行为僵化

教师教学行为的功利性体现在过分强调结果，而相对忽视过程。在教师的观念中，学生的核心任务被局限在学习上，将学习视为唯一目的。因此，教师的教学重心主要集中在单词和语法知识点的讲解上，通过语法的解析和课文的翻译来展开教学活动。他们注重学生对词汇、语法等知识点的掌握，却较少将这些知识与文化知识相结合。尽管从学生的课堂评价中可以间接了解到，教师有时会对文化知识进行讲解，但这种讲解往往只是通过口头描述或简单的图片展示在PPT上进行，没有形成有效的学习迁移。这种做法导致学生缺乏对于中日文化差异性的深入理解和思考。

（三）教学评价简单化

"功利性教学评价"专指那些以短期教育效果与成效为唯一导向的教育评价方式。评价本身具备指引功能，发展性评价致力于推动学生的全面发展，而功利性评价则偏执于追求短期功利性目标。这种教学评价模式对我国教育产生了深远的影响，导致教育工作逐渐演变成一场以考试数据为核心的竞争。面对强烈的功利主义评价倾向，许多教师深感无力，因此他们虽然倡导"追求学生发展的素质教育"，但在实际操作中却不得不侧重于成绩提升，急功近利，过分强调做题训练等应试技巧。

在此环境下，家长、学生及教师均过度关注卷面成绩，各知识点在试卷中的分值成了教学和学习的核心。即便在日语试卷中涉及到文化常识，其分值也相对较低，出题视角仍以语言知识为主。这种倾向导致学生和教师形成了一种错误的观念，认为平时无需过多学习文化知识，对最终卷面成绩的影响不大，从而自然而然地忽视了文化意识培养的重要性。

此外，学习语言的最终目的在于交流，然而当前高考体系并未将口语考试置于重要地位，导致学生及教师在口语练习上的投入不足。根据问卷调查数据，虽然学生们普遍具备跨文化交际的意识，但由于其文化水平有限，实际跨文化交际的能力难以提升。因此，为有效促进跨文化交际能力的提升,必须重视并加强学生文化水平的提升,以便更好地理解和适应不同的文化背景。

第三节　日语教学中教师文化意识的培养策略

在全球化的趋势下,日语教学中对于语言文化意识的培养显得尤为重要。对于提高学生的跨文化交流能力而言,这一点具有不可忽视的价值。作为中国人,若想深入了解并熟悉日本,对日本的语言和文化的认知是不可或缺的。因此,教师在教学过程中,应加强对学生在语言和文化知识方面的培养,确保学生在学习语言知识的同时,也能够掌握相关的文化知识。这样一来,学生的文化意识将得到有效提升,从而更好地适应跨文化交流的需求。

一、丰富文化意识培养方法

(一)词汇拓展法

学习日语的首要步骤是深入掌握五十音图。在这一阶段,教育者有责任向学生阐释五十音图的起源及其从中国草书逐渐演变的过程。此举不仅有助于弘扬中国传统文化的精髓,更为学生后续的日语学习提供了坚实的基础。随着单词学习的深入,教育者应积极拓展思维,通过词汇教学引导学生感受文化意识的内涵与外延。

1.受中国汉字影响出现的词汇

在日语中,有一类词汇受中国汉字影响,直接使用繁体字出现成为日语汉字,如「電話(でんわ)」「練習(れんしゅう)」「太陽(たいよう)」、「恋愛(れんあい)」「夫婦(ふうふ)」「天気(てんき)」「電気(でんき)」等,这类词汇,仅仅保留了中国古代使用的繁体字的形式,其发音与中

第八章 语言文化理论观照下日语教师的文化意识培养

文汉字发音也具有极其相似之处。教师可以借此特征,引出中华文化对日本文化影响深远,从而体现出我国优秀传统文化汉字的源远流长,博大精深。

2. 受中国文化影响出现的词汇

还有一类汉字,虽然其发音或者汉字并不是直接从中文汉字提取,但是深究其来源,就会发现一种极有趣的现象。例如,「財布(さいふ)」一词,我们即可联想到,中国古代人们把钱财皆用布包起来,于是"財布"这一词汇,我们不难理解就是"钱包"的意思。又如,「文房具(ぶんぼうぐ)」一词,单看汉字,我们即可想到中国古代文房四宝的"笔墨纸砚",故而,"文房具"这一词汇,中文意思也就简单理解为"文具"。

或者,在日语中还有一类词汇,其并不是直接受中国汉字影响,而是直接从古文中选取而来。例如,「授業(じゅぎょう)」一词,现代汉语基本不会使用"授业"这一词,而多用"授课"或者"课程"所代替,但是「授業」一词来源于《师说》中"师者,所以传道授业解惑也",故而,「授業」一词即翻译为"上课"。

为了更有效地推进教育工作,教师务必积极提升自身的专业知识水平,并在日常教学中自觉地融入文化意识的培养。为实现这一目标,教师需要采取多元化的文化意识培育策略,并持续加强自身的学习能力。深入钻研各类专业知识,积极参加各类培训和讲座,都是提升专业水平的重要途径。此外,教师还需不断丰富教学手段,掌握并熟练运用新技术,以提升课堂教学的效果,进而促进学生学习能力的提升和文化素质的提高。

教师应摒弃传统的"填鸭式"教学方法,转变教育观念,积极借鉴和融合其他先进的文化教学方法。在解释词汇背后的文化含义时,教师应深入剖析其历史背景、社会背景及宗教信仰等方面,帮助学生更深入地理解其文化内涵。在此过程中,教师应注重文化知识的传授,并通过多种途径激发学生的学习兴趣,增强他们对传统文化的认识与认同。

同时,教师应积极引导学生树立对中华文化的自信心,让他们在学习过程中深刻感受到中华文化的魅力与价值,从而提高他们对中华文化的认同感。这样,教育工作不仅能够传授知识,更能培养学生的文化素养和民族自豪感。

（二）主题深化法

例如,高中人教版教材主要以大单元主题模式出现,有许多单元直接涉及文化意识。普通高中日语必修课程分为三册,每一册有4课,每一课由「タイトル」「目標」「ウォーミングアップ」「ステップ1」「ステップ2」和「やってみよう」构成。(标题、目标、热身、步骤1、步骤2、试试看吧)。我们在《课标》中知道,文化意识主要包括感知与比较、尊重与包容、认同与传播三个维度,以下是在人教版必修三册课文中,归纳总结出最能体现"文化意识"的5篇主题课文,分别是第一册第一课"鞠躬"、第二册第二课"除夕"、第三册第一课"饺子"、第二课"鉴真精神的继承"、第三课"中国的动画片"。通过这些非常明显可以表示出文化意识的主题,教师应该更好地去利用其文化资源,深挖教材内容,要深入理解不同文化之间的差异,必须从理解其主题背后所代表的文化意识开始。以下是在上述提到可以完全体现文化意识的五篇单元主题中的学习目标,在每一个主题下,教师可以根据每个单元主题制定活动计划。

如在必修第一册第1课「おじぎ」,学习目标是回顾鞠躬的习惯、理解鞠躬文化、说一说中日鞠躬的相同点和不同点。以中国礼仪作为出发点,深化中日鞠躬礼仪的影响。必修第二册第6课「年越し」学习目标是相互介绍中日过年的习惯,探讨过年的由来和文化,比较中日过年的异同。必修第三册第9课「餃子」的学习目标是注意到中日饺子的不同点、探讨饺子文化、介绍自己所知道的饺子。根据课本中所给的6幅图片,找出中日饺子、对比中日饺子的不同点、介绍中国饺子的通常做法和吃法、探讨中国及日本饺子情况、最后介绍中国饺子情况及家乡饺子的特点。在必修第三册第10课「鑑真精神の継承」的学习目标是学习鉴真和尚的精神,知道现在的交流活动,互相说一说为了中日交流自己能做的事。必修第三册第11课「中国のアニメ」的学习目标是知道中国动画的发展、介绍自己喜欢的动画,以此为切入点,讨论中日动画的发展异同,分别讨论中日动画有何值得借鉴和学习之处。

只有深刻理解这些文化差异,才能更好地将其融入自身的文化之中,进而在跨文化交流中更好地实现跨文化交际。所以教师在备课时,应深入钻研教材,挖掘教材中所蕴含的文化知识,在讲授语言知识、训

第八章　语言文化理论观照下日语教师的文化意识培养

练语言技能的同时,潜移默化地给学生渗透不同文化知识。

（三）多元主体促进法

教师在课堂教学中,应摒弃传统思维,以"文化意识"为核心,构建多元化课外活动体系。这一体系需涵盖听、说、读、写等多元感知领域,以丰富多样的教学活动为支撑。

在听力方面,可组织日语听力竞赛,其内容不仅限于课本知识,更可融入如听歌识曲、歌词填空等富有创新性的活动,以激发学生对日语的兴趣,并提升其对日本文化的感知能力。

在口语表达方面,可举办日语演讲比赛、脱口秀等活动,或依据单元教学模式,引导学生自行演绎课文会话,甚至可将戏剧性课文交由学生分角色表演,以锻炼其日语口语表达能力。

在阅读方面,通过举办日语朗诵比赛,培养学生的阅读理解能力,同时提升其语言韵律感。

在书写方面,可组织日语书法大赛、写作大赛等,以弘扬中华传统书法文化,加深学生对中华传统文化的认识与理解。

通过这些多元化课外活动的开展,旨在提升学生的文化意识,培养其感知与比较、尊重与包容、认同与传播的能力。多情境教学的设计,将有效提高学生的跨文化交际能力,使其在学习过程中全面理解各种文化之间的差异,从而获得更丰富的经验和更多的学习机会。同时,情景教学将帮助学生更好地感受不同文化背景所带来的情感差异,进而将所学知识应用于实际生活中,提升其跨文化交际能力。

二、强化文化意识培养评价

（一）树立正确文化意识培养观念

在全球化背景下,教师在教学活动中扮演着引导者的角色,他们应持有正确的文化观念,引导学生全面而深入地认识和理解世界。

首先,教师应对历史传统、红色革命、民族民俗以及现代中国文化进行深入而理性的思考。文化自信建立在对自身文化的正确认知之上,这要求教师对国家和民族的优秀文化传统怀有敬意与骄傲,同时要对文化的发展潜力持有坚定的信念。在评价传统文化时,教师应秉持科学态度,既不盲目自大,也不妄自菲薄,善于梳理和提炼传统文化的精髓。

其次,教师应以开放的心态吸收世界各国的历史文化成果,尊重多元文化,促进学生对不同文化的认识和理解。通过学习和掌握文化知识,学生可以更加清晰地认识到各种文化的差异,了解文化背后的社会、历史、经济、宗教等因素。这种跨文化的学习有助于培养学生的国际视野和文化敏感性,使他们能够在全球化背景下更好地适应和融入国际社会。

最后,教师应深刻认同我国文化的意义、作用和地位。文化是人类社会发展的重要支撑,它以一种无形的力量影响着有形的事物,滋养着人类和社会,推动着经济的发展。在当前社会,文化已经成为民族凝聚力和创造力的重要来源,也是国家综合国力竞争的关键因素之一。因此,教师应始终保持对我国文化的深度认同,传承和弘扬中华优秀传统文化,为培养具有全球视野和跨文化交流能力的新一代青少年贡献力量。

(二)丰富多元文化意识培养评价

对于文化意识的培养评价,需采取多元化视角。诸如,在词汇教学中,除了记忆词义,还需理解词汇的文化内涵;在语法教学中,除了理解其基本含义,还应掌握语法的实际应用。教师在教学过程中,需有序、有重点地推进文化意识培养评价。备课环节,教师应深入钻研教材内容,并结合学生的文化意识现状,将文化意识培养明确纳入教学目标,并巧妙地融入课堂实践中,以激发学生对文化知识的兴趣,并深化其文化认知。在进行文化对比时,应引导学生更加认同和理解本民族文化,认识到其独特价值,进而深化对本民族文化的理解;同时,也应鼓励学生积极学习借鉴其他国家的优秀文化,了解不同国家的文化特点与历史背景,以更全面、深入地理解本民族优秀传统文化。此外,还要积极弘扬本民族优秀传统文化,增强学生的文化自信,鼓励他们成为本民族优秀传统文化的传承者和发扬者。

参考文献

[1][日]佐藤忠男著；王乃真译.日本电影大师[M].北京：中国电影出版社,2013.

[2][法]勒·柯布西耶著；陈志华译.走向新建筑[M].西安：陕西师范大学出版社,2004.

[3][美]埃德温·O.赖肖尔,(美)马里厄斯·B.詹森著；陈文寿译.当代日本人：传统与变革[M].北京：商务印书馆,2016.

[4][美]詹姆斯·L.麦克莱斯著；王翔,朱慧颖,王瞻瞻译.日本史[M].海口：海南出版社,2014.

[5][日]北原保雄.日本语和日本语教育[M].东京：明治书院,1989.

[6][日]村上重良著；聂长振译.国家神道[M].北京：商务印书馆,1990.

[7][日]渡边实.日本语史要说[M].东京：岩波书店,1997.

[8][日]久野暲.日本文法研究[M].东京：大修馆书店,1973.

[9][日]菊地康人.敬语[M].东京：论坛社学术文库,1997.

[10][日]铃木大拙著；陶刚译.禅与日本文化[M].三联书店,1989.

[11][日]铃木重幸.日本语文法·形态论[M].东京：风间书房,1972.

[12][日]名柄迪.文体[M].东京：荒竹出版社,1996.

[13][日]南不二男.谈话的单位[M].东京：国立国语研究所,1983.

[14][日]南不二男.日语的社会语言学[A].现代日本语研究.东京：三省堂,1997.

[15][日]蒲野起央.国际关系理论导论[M].北京：中国社会科学出版社,2000.

[16][日]齐藤纯男.日本语音学入门[M].东京：三省堂,1997.

[17][日]三上章.现代语法序说[M].东京：黑潮出版社,1972.

[18][日]森川昌和著；蔡敦达、邬利明译.鸟滨贝冢——日本绳纹文化寻根[M].上海：上海古籍出版社,2008.

[19][日]森冈健二.文体的表现[M].东京：明治书院,1988.

[20][日]山本常朝著；李冬君译.叶隐闻书[M].桂林：广西师范大学出版社,2007.

[21][日]舍人亲王.日本书纪[M].东京：经济杂志社,1879.

[22][日]通口清之著；王彦良,陈俊杰译.日本人与日本传统文化[M].天津：南开大学出版社,1989.

[23][日]新渡户稻造著；张俊彦译.武士道[M].北京：商务印书馆,2004.

[24][日]野村雅昭,小池清.日本语事典[M].东京：东京堂出版社,1992.

[25][日]伊藤古.茶和禅[M].天津：百花文艺出版社,2005.

[26][日]源了圆.义理与人情[M].天津：天津人民出版社,1996.

[27]曹建芬.现代语音基础知识[M].北京：人民教育出版社,1990.

[28]陈松岑.语言变异研究[M].广州：广东教育出版社,1999.

[29]陈原.社会语言学[M].北京：商务印书馆,2000.

[30]池坊专永.新风体总论[M].东京：日本花道社,2015.

[31]戴庆夏.社会语言学概论[M].北京：商务印书馆,2004.

[32]杜静波.现代日语语篇研究[M].哈尔滨：黑龙江大学,2016.

[33]杜芯蕊.汉语明母、泥母、疑母与日语辅音的对应研究[D].哈尔滨：黑龙江大学,2016.

[34]古田邵钦.日本禅文化讲义[M].日本：人文书院,1985.

[35]顾海根.日本语概论[M].北京：北京大学出版社,1998.

[36]郭永刚.日语动词认知学[M].哈尔滨：东北林业大学出版社,2006.

[37]韩长竹.日本人的集团主义观念初探及对我国大学生集体主义教育的启示[D].大连：大连医科大学,2010.

[38]韩东屏.人是元价值——人本价值哲学[M].武汉：华中科技大学出版社,2013.

[39]韩立红.日本文化概论[M].天津：南开大学出版社,2008.

[40]何慈毅,赵仲明,陈林俊.日本文化史的点与线[M].南京：南

京大学出版社,2013.

[41] 何兆熊.新编语用学概要 [M].上海：上海外语教育出版社,2000.

[42] 何自然.语用学概论 [M].长沙：湖南教育出版社,1999.

[43] 胡壮麟.语篇的衔接与连贯 [M].上海：上海外语教育出版社,1994.

[44] 胡壮麟.语言学教程 [M].北京：北京大学出版社,2011.

[45] 胡壮麟.语言学教程(第三版中文本) [M].北京：北京大学出版社,2007.

[46] 黄国文.语篇分析概要 [M].长沙：湖南教育出版社,1988.

[47] 会田雄次.日本人的意识构造一风土 [M].南京：南京大学出版社,2008.

[48] 靳飞.茶禅一味——日本的茶道文化 [M].天津：天津百花文艺出版社,2003.

[49] 李雪梅.日本·日本人·日本文化 [M].杭州：浙江大学出版社,2005.

[50] 刘润清.西方语言学流派 [M].北京：外语教学与研究出版社,2013.

[51] 刘雪明.政策运行过程研究 [M].南昌：江西人民出版社,2005.

[52] 孟尽美.论日本软权力中的国民意识因素 [M].青岛：青岛大学,2010.

[53] 苗芃.中日服饰文化对比研究 [M].西安：陕西师范学院,2014.

[54] 秦秀白.英语语体和文体要略 [M].上海：上海外语教育出版社,2002.

[55] 申险峰.日本政治经济与外交 [M].北京：知识产权出版社,2013.

[56] 沈宇澄,周星.现代日语词汇学 [M].上海：上海外语教育出版社,1998.

[57] 束定芳.现代语义学 [M].上海：上海外语教育出版社,2002.

[58] 孙炜,周士宏,申莉.社会语言学教程 [M].北京：世界知识出版社,2010.

[59] 索振羽.语用学教程 [M].北京：北京大学出版社，2000.

[60] 滕军.日本茶道文化概论 [M].北京：东方出版社，1992.

[61] 田孝平.日本社会文化概况 [M].北京：中国矿业大学出版社，2013.

[62] 田运.思维辞典 [M].杭州：浙江教育出版社，1996.

[63] 田中仙翁.茶道的美学——茶的精神与形式 [M].南京：南京大学出版社，2013.

[64] 王健宜.文化语言学 [M].北京：高等教育出版社，2013.

[65] 王静.日本文化 [M].北京：中国传媒大学出版社，2015.

[66] 王维先.日本垂加神道哲学思想研究 [M].济南：山东人民出版社，2004.

[67] 王寅.认知语言学 [M].上海：上海外语教育出版社，2007.

[68] 王寅.什么是认知语言学 [M].上海：上海外语教育出版社，2011.

[69] 王勇.日本文化 [M].北京：高等教育出版社，2001.

[70] 吴松芝，刘君梅，董江洪.日本文化探究 [M].北京：中国文史出版社，2013.

[71] 伍光谦.语义学导论 [M].长沙：湖南教育出版社，1991.

[72] 许金生.日本园林与中国文化 [M].上海：上海人民出版社，2007.

[73] 杨薇.日本文化透析 [M].天津：天津教育出版社，2010.

[74] 姚晓东.经典格赖斯语用学研究：一个整体视角 [M].北京：北京大学出版社，2014.

[75] 叶渭渠.日本文化史 [M].北京：北京理工大学出版社，2010.

[76] 叶渭渠.日本文化史 [M].桂林：广西师范大学出版社，2003.

[77][美] 约翰·道尔著；胡博译.拥抱战败 [M].上海：三联书店，2015.

[78] 臧佩红.日本近现代教育史 [M].北京：世界知识出版社，2010.

[79] 翟东娜.日语语言学 [M].北京：高等教育出版社，2006.

[80] 张旭红.语言结构探索 [M].哈尔滨：黑龙江人民出版社，2006.

[81] 郑宁.日本陶艺 [M].哈尔滨：黑龙江美术出版社，2001.

[82] 郑荣馨.人际修辞学 [M].广州：暨南大学出版社，2012.

[83] 郑滢著；宋协毅,等,译.中日对照·日本文化精解[M].大连：大连理工大学出版社,2014.

[84] 朱春跃.学日语必读丛书（语音详解）[M].北京：外语教学与研究出版社,2001.

[85] 朱京伟.日语词汇学教程[M].北京：外语教学与研究出版社,2005.

[86] 朱永生,郑立信,等.汉英语篇衔接手段对比研究[M].上海：上海外语教育出版社,2001.

[87] 洪菲.日本花道文化传承与教育研究[D].北京：中央民族大学,2009.

[88] 朱坤荣.和辻哲郎"风土文化论"成因[J].浙江树人大学学报,2006（6）.

[89] 梁美娜.《海行总载》中的日本人形象研究：以朝鲜通信使眼中的日本人服饰为中心[D].延吉：延边大学,2013.

[90] 罗怡然.日本江户小纹染在服装中的创新设计研究[D].无锡：江南大学,2018.

[91] 牛丽娜.日语动词"よる"的认知研究[D].哈尔滨：黑龙江大学,2016.

[92] 孙旭娜.语用学视角下的俄语暗示语研究[D].长春：长春理工大学,2019.

[93] 张艳芳.中国剑术与日本剑道发展史比较研究[D].济南：山东师范大学,2013.

[94] [美]约瑟夫·奈.软权力——再思索[J].国外社会科学,2006(4).

[95] 白玉平,张杨.战后美国对日本教育的改革新探（1945-1950）[J].中南大学学报(社会科学版),2013（6）.

[96] 卜庆立.社会语言学视角下的日语及对日语教学的启示[J].湖北广播电视大学学报,2014（8）.

[97] 陈永军.试论日本剑道的产生及其思想基础和影响[J].成都体育学院学报,2002（5）.

[98] 崔世广.日本传统文化的基本特征——与西欧、中国的比较[J].日本学刊,1995（5）.

[99] 桂诗春.认知和语言[J].外语教学与研究,1991（3）.

[100] 李远喜. 日语句群的组合方式 [J]. 外语与外语教学, 2000, （12）.

[101] 李远喜. 日语句群中心句的文脉展开功能 [J]. 解放军外国语学院学报, 2001（4）.

[102] 刘静. 从日本文学的发展历程来看日本文化的独特特征 [J]. 教育教学论坛, 2016（11）.

[103] 刘晓昱. 从社会语言学角度探讨日语教学 [J]. 戏剧之家, 2016（5）.

[104] 刘亚娜. 从文化角度看当代日本外交 [J]. 东北亚论坛, 2003,（5）.

[105] 刘毅. 禅宗与日本文化 [J]. 日本学刊, 1999（2）.

[106] 刘岳兵, 王萌. 战后日本民主主义的发展及其局限——以战后初期文部省教科书《民主主义》为中心 [J]. 南开学报（哲学社会科学版）, 2015（3）.

[107] 陆贞元, 章雅荻. 亚洲与全球公共卫生治理 [J]. 国外理论动态, 2015（4）.

[108] 聂啸虎. 日本剑道的历史演进过程 [J]. 体育文化导刊, 2002（5）.

[109] 孙彩霞. 浅析日本组织文化的三个基本特征 [J]. 陶瓷研究与职业教育, 2004（1）.

[110] 覃刚. 日本剑道给中国传统武术的启示 [J]. 汉口学院学报, 2010（4）.

[111] 涂荣娟. 略论武士道对日本现代化的影响 [J]. 绵阳师范学院学报, 2007（9）.

[112] 汪珞. 中国茶文化与日本茶道 [J]. 健康天地, 2011（3）.

[113] 王缉思. 美国外交思想传统与对华政策 [J]. 美国研究参考资料, 1989（3）.

[114] 王勇. 遣唐使时代的"书籍之路"[J]. 甘肃社会科学, 2008（1）.

[115] 王勇萍. 日本家庭生活中的文化表象 [J]. 日本文化研究, 2010（3）.

[116] 许艳华. 战后日本科技政策的三次转向及对中国的启示 [J]. 山东经济, 2011（6）.

[117] 杨丹.文化语言学视域下的日语教学法研究[J].学理论,2013（9）.

[118] 杨劲松.试论战后初期日本文化反省思潮的走向[J].日本学刊,2008（3）.

[119] 杨施悦.日本茶室建筑的文化内涵与审美价值[J].合肥工业大学学报,2008（2）.

[120] 张林.从杀人刀到活人剑日本传统剑术[J].东方养生,2011（7）.

[121] 张雅军.日本人群的种族起源和演化[J].世界历史,2008(5).

[122] 张燕.日本文化语言学理论基础初探[J].解放军外国语学院学报,2001,(5).